Comment réussir le concours des IRA ?

La méthode infaillible pour réussir le concours

LENA HERITAGE

lena-heritage@2024

ISBN : 9798320878959

Independently published

Le code de la propriété intellectuelle interdit les copies ou reproductions destinées à une utilisation collective. Toute représentation ou reproduction intégrale ou partielle faite par quelque procédé que ce soit, sans le consentement de l'auteur ou de ses ayants cause, est illicite et constitue une contrefaçon sanctionnée par les articles L335-2 et suivants du Code de la propriété intellectuelle.

SOMMAIRE

INTRODUCTION..6

CHAPITRE 1 : Pourquoi intégrer l'IRA ?....................9
    Qu'est ce qu'un attaché de la fonction publique d'Etat.....9
    Pourquoi devenir attaché ?...10
    Quel est le quotidien d'un attaché ?......................................11
    Quelles sont les qualités attendues d'un attaché ?............12

CHAPITRE 2 : Analyse stratégique du concours 14
    Le calendrier du concours....................................... 14
    Le choix du concours... 20
    Quelques chiffres utiles... 23
    Typologie des épreuves... 23

CHAPITRE 3 : Réussir le cas pratique, la méthode secrète pour prendre des points........................26
    Une épreuve piège...27
    Les modalités de l'épreuve...30
    Être attaché sans jamais l'avoir été, comment faire ?... 33
    La méthode du plan d'action..35
    La rédaction de la copie...42
    Exercice d'entraînement...53

CHAPITRE 4 : Réussir l'épreuve de QCM.............. 109

CHAPITRE 5: Réussir le grand oral............................143
    Préparer sa posture....................................144
    La posture au cours de l'épreuve............147
    L'apparence..148
    Poser le ton..150
    Maîtriser les mots......................................151
    Gérer l'exposé..153
    L'entretien avec le jury..............................159
    Les critéres d'évaluation du candidat......170
    Thèmes d'actualité....................................173
    Bibliographie..174

CONCLUSION..176

« A vaincre sans péril, on triomphe sans gloire.»

Pierre Corneille

INTRODUCTION

Vous rêvez de devenir un acteur clé de la fonction publique en France? Vous aspirez à intégrer l'un des prestigieux Instituts Régionaux d'Administration (IRA) et ainsi contribuer activement à la gestion des politiques publiques ? Alors cet ouvrage est fait pour vous !

Préparer le concours d'entrée aux IRA est une étape cruciale dans votre parcours professionnel. En effet, ces instituts forment les futurs attachés de la fonction publique de l'Etat, leur offrant une formation complète et spécialisée, indispensable pour répondre de manière efficace aux enjeux de la gestion publique.

Cet ouvrage a été spécialement conçu pour vous accompagner dans la préparation de ce concours exigeant. En effet, réussir le concours d'entrée aux IRA nécessite une préparation rigoureuse et méthodique, afin de maîtriser les différentes épreuves écrites et orales qui vous seront proposées.

Grâce à ce livre, vous bénéficierez de conseils pratiques, de méthodes de travail efficaces et d'exercices corrigés pour vous entraîner dans les meilleures conditions. Vous découvrirez également les attentes des jurys, les spécificités de chaque épreuve et les points clés à maîtriser pour faire la différence le jour J.

Que vous soyez étudiant, jeune actif ou en reconversion professionnelle, cet ouvrage vous aidera à mettre toutes les chances de votre côté pour décrocher votre ticket d'entrée aux IRA. Vous y trouverez toutes les informations nécessaires sur le déroulement du concours, les épreuves à préparer, les débouchés professionnels et les attentes des recruteurs.

En parcourant ces pages, vous serez guidé pas à pas dans votre préparation, en bénéficiant d'astuces d'experts, des témoignages d'anciens candidats et des conseils de professionnels du secteur public.

Vous pourrez ainsi progresser à votre rythme, en identifiant vos points forts et vos axes d'amélioration pour maximiser vos chances de réussite.

Alors n'attendez plus pour vous lancer dans la préparation de ce concours prestigieux! Avec cet ouvrage comme allié, vous disposerez de tous les outils nécessaires pour atteindre votre objectif et décrocher votre place aux Instituts régionaux d'administration.

Préparez-vous à relever ce défi avec détermination et enthousiasme, et à ouvrir les portes d'une carrière passionnante au sein de la haute fonction publique française.

Il est temps de se mettre au travail.

Préparer un concours et l'obtenir est une véritable ascèse, il suffit de voir l'état de fatigue général dans lequel arrivent souvent les lauréats du concours au mois de janvier à l'Institut Régional d'Administration pour s'en convaincre.

Rien ne se fera tout seul, ce n'est pas un passage d'examen à valider à 10 de moyenne. Il va falloir faire la différence tant aux écrits qu'à l'oral.

Voilà le programme.

Il est temps de rentrer dans le vif du sujet, le temps est précieux pour celui qui ambitionne de réussir un tel concours.

Ce livre va à l'essentiel, vous pouvez le considérer comme votre synthèse générale de vos années de préparation, votre livre « fil rouge » personnel secret.

Il contient des bonus et outils exclusifs pour vous donner toutes les chances de succès, notamment des copies de concours, des épreuves corrigées et une analyse personnalisée de votre CV en vue du grand oral. Ceci est compris dans le prix du livre, vous n'avez rien à ajouter. J'ai créé une adresse mail spécifique à votre attention, elle est indiquée dans le livre.

Cet ouvrage s'adresse à tous les étudiants ou professionnels, quel que soit leur niveau, qui s'intéressent au concours de l'IRA.

Cela fait des années que j'enseigne en classe préparatoire aux concours de la haute fonction publique, je souhaite le transmettre aujourd'hui au plus grand nombre.

Les étudiants malins qui passent des concours similaires de la haute fonction publique y trouveront assurément de nombreuses réponses méthodologiques à leurs questions.

CHAPITRE 1 : Pourquoi l'IRA ?

Avant de commencer la description détaillée des épreuves ; il est nécessaire de voir ce qu'il y a derrière la porte du concours.

Vous ne voudriez pas passer au minimum un an de votre vie à travailler pour un métier qui ne serait pas au final ce que vous imaginiez.

D'ailleurs, vous n'échapperez pas à cette question le jour du grand oral, qui ne tardera pas à se présenter sur votre route du succès.

Vous ne pourrez aisément pas vous montrer hésitant sur une question aussi personnelle.

Qu'est-ce qu'un attaché de la fonction publique d'Etat ?

Un attaché de la fonction publique d'État est un cadre de la fonction publique française qui occupe un poste de catégorie A.

Les attachés sont responsables de missions de conception, de gestion et d'encadrement au sein des administrations de l'État.

Ils peuvent être affectés dans différents ministères et exercer des fonctions diverses selon leur domaine de spécialisation (ressources humaines, finances, communication, etc.). Les attachés peuvent évoluer vers des postes de direction et de haute responsabilité au sein de l'administration.

Ainsi, beaucoup d'attachés passent le concours de l'institut national du service public en interne au bout de quelques années d'exercice. Il s'agit d'un déroulé logique de carrière pour les plus ambitieux.

Pourquoi devenir attaché de la fonction publique d'Etat ?

Devenir attaché de la fonction publique d'Etat présente plusieurs avantages.

Voici quelques raisons pour lesquelles certaines personnes choisissent cette voie professionnelle :

1. Stabilité de l'emploi: Travailler dans la fonction publique offre une certaine sécurité d'emploi, car les postes sont généralement protégés par des statuts et des procédures de licenciement plus strictes que dans le secteur privé.

2. Perspectives de carrière: La fonction publique offre des possibilités d'avancement intéressantes, avec des concours internes permettant d'accéder à des postes de cadre supérieur.

3. Rémunération et avantages sociaux: Les salaires dans la fonction publique sont généralement attractifs et des avantages tels que les congés payés, la protection sociale et la possibilité de partir à la retraite plus tôt qu'en secteur privé sont également des éléments appréciables.

4. Contribution au bien commun: Travailler pour la fonction publique permet de contribuer à l'intérêt général en participant à des missions de service public dans des domaines variés tels que l'éducation, la santé, la sécurité, l'environnement, etc.

5. Conditions de travail et équilibre vie professionnelle-vie personnelle: La fonction publique offre souvent des conditions de travail attrayantes en termes d'horaires, de congés et de possibilité de télétravail, permettant un meilleur équilibre entre vie professionnelle et vie personnelle.

Quel est le quotidien d'un attaché de la fonction publique d'Etat?

Le quotidien d'un attaché de la fonction publique d'Etat peut varier en fonction de son poste et de son domaine de compétence. Cependant, voici quelques tâches et responsabilités qui peuvent être communes à de nombreux attachés de la fonction publique d'Etat :

1. Gestion de projets : Les attachés de la fonction publique d'Etat sont souvent responsables de la gestion de projets au sein de leur service ou direction. Cela peut inclure la planification, l'organisation, la coordination et le suivi des projets.

2. Prise de décisions : Les attachés de la fonction publique d'Etat sont amenés à prendre des décisions en lien avec les politiques publiques et les missions de leur administration. Ils doivent être capables d'analyser les enjeux, de proposer des solutions et de prendre des décisions éclairées.

3. Gestion d'équipes : Certains attachés de la fonction publique d'Etat sont en charge de la gestion d'équipes de collaborateurs. Cela peut inclure la répartition des tâches, le suivi des performances, la motivation des équipes, etc.

4. Suivi des dossiers et des évolutions législatives: Les attachés de la fonction publique d'Etat doivent également suivre de près les dossiers dont ils ont la charge, ainsi que les évolutions législatives et réglementaires qui peuvent avoir un impact sur leurs missions et leurs projets.

5. Représentation de l'administration: Enfin, les attachés de la fonction publique d'Etat peuvent être amenés à représenter leur administration lors de réunions, de conférences, de rencontres avec des partenaires ou des acteurs externes, etc.

Il est important de noter que le quotidien d'un attaché de la fonction publique d'Etat peut être assez chargé et exigeant en raison des responsabilités qui lui incombent. Il doit faire preuve de rigueur, de méthode, de réactivité et de capacité d'adaptation pour mener à bien ses missions et atteindre les objectifs fixés par sa hiérarchie.

Quelles sont les qualités attendues d'un attaché de la fonction publique d'Etat ?

Il existe **dix qualités attendues d'un candidat à l'IRA**, qui sont autant d'indicateurs sur votre motivation à vouloir embrasser une carrière d'attaché à l'issue de la formation initiale :

1) **Excellentes compétences académiques** : il est attendu que le candidat ait un très bon niveau intellectuel et académique, validé par un diplôme de niveau supérieur. Vous ne pouvez pas prétendre obtenir ce concours sans un niveau Licence minimum pour les candidats externes, voire une année de classe préparatoire spécialisée. La concurrence est certaine. Elle tient à la généralité et la diversité des postes offerts à l'issue de la scolarité.

2) **Capacités d'analyse et de synthèse** : le candidat doit être capable de comprendre rapidement des sujets complexes, de les analyser de manière critique et de les synthétiser de façon claire et concise.

3) **Aptitude à la réflexion stratégique** : il est important que le candidat puisse adopter une vision stratégique des problématiques et développer des solutions innovantes et adaptées.

4) **Facilité de communication** : le candidat doit être capable de s'exprimer de manière fluide et persuasive, tant à l'écrit qu'à l'oral. Il doit également être à l'aise dans les négociations et les prises de parole en public.

5) **Ouverture d'esprit et curiosité intellectuelle** : il est attendu que le candidat soit curieux, intéressé par le monde qui l'entoure et ouvert aux différentes opinions et cultures.

6) **Aptitude à travailler en équipe** : le candidat doit avoir des compétences en gestion de groupe et être en mesure de travailler efficacement en équipe, en collaboration avec des personnes aux profils divers.

7) **Sens de l'éthique et de l'intérêt général** : il est indispensable que le candidat fasse preuve d'une intégrité irréprochable et d'un sens élevé de l'intérêt général dans l'exercice de ses fonctions.

8) **Résistance au stress et adaptation** : les candidats à l'IRA doivent faire preuve de résilience et d'adaptabilité face aux situations complexes et changeantes auxquelles ils pourraient être confrontés.

9) **Motivation et engagement :** le candidat doit avoir une réelle volonté de servir l'État et de contribuer à l'intérêt général. Il doit également être déterminé et persévérant dans la poursuite de ses objectifs.

10) **Capacité de leadership** : il est attendu que le candidat puisse faire preuve d'un leadership positif, en étant capable de mobiliser et d'inspirer les personnes autour de lui pour mener à bien des projets.

Si ces dix qualités font sens à vos yeux pour la perspective d'une carrière d'attaché, il est alors temps de se consacrer à l'analyse du concours.

CHAPITRE 2 : Analyse stratégique du concours

Si vous êtes arrivés jusqu'ici, c'est que vous avez probablement déjà une idée du programme qui vous attend. Voici une analyse stratégique des éléments essentiels du concours, et des conséquences sur la mise en œuvre de votre préparation.

L'organisation du concours repose principalement sur l'arrêté du ministre de l'action et des comptes publics du 28 mars 2019 fixant les règles d'organisation générale, la nature, la durée, le programme des épreuves et la discipline des concours d'entrée aux instituts régionaux d'administration.

Le calendrier du concours

Attention, vigilance sur ce point.

Le calendrier des écrits du concours de l'IRA impose une stratégie de planification particulière au candidat. En effet, les écrits ont lieu chaque année au mois de juillet.

Voilà pourquoi établir dès maintenant une stratégie de calendrier est une démarche que je ne saurais que trop vous conseiller.

La stratégie que je vous propose se fonde sur le calendrier 2024 ou la session est unique. Notez que le calendrier peut comporter jusqu'à deux sessions par an, ce qui permet alors au candidat de multiplier ses chances de succès dans un temps restreint.

Voici les points clés qui me paraissent indispensables à l'établissement de votre stratégie personnelle de calendrier:

1) Il est indispensable de justifier de la validation d'une Licence, Bac + 3, avant l'entrée dans les murs de

l'Institut régional d'administration. **Notez que beaucoup de candidats externes passent le concours à niveau Master 2, ce qui augmente la sélectivité du concours.**

2) **Aller au concours l'année de son Master 1**, sans aucune hésitation. Vraiment. C'est essentiel.

Pas de faux-semblants, il sera très difficile de l'obtenir du premier coup en menant votre passage du diplôme de Master 1 en parallèle. C'est néanmoins possible, je dispose de plusieurs exemples. Direction l'IRA dès janvier de l'année N+1 après avoir obtenu son Master 1 en juillet de l'année N.

Dis autrement, même si vous êtes moyen sur vos épreuves écrites durant l'année où vous avez également à valider votre Master 1, aller au concours. Vous aurez déjà lu le livre jusqu'au bout en plus !

3) Certains étudiants se retrouvent dans la **situation où ils ont déjà validé précédemment une Licence et sont inscrits dans une classe préparatoire aux concours qui délivre un diplôme de Master 2.** C'est un bon choix, à fort potentiel de valorisation devant un jury de grand oral. Il n'y a pas de réelle interférence de calendrier puisque les écrits auront lieu au mois de juillet et que vous aurez achevé votre Master 2 en juin.

Notez bien que si vous intégrez ce Master 2 alors que vous êtes dans la phase d'admissibilité/admission du concours, vous ne finirez pas l'année en cas d'admission à l'IRA. Vous finiriez votre scolarité universitaire en janvier de l'année N+1, à l'occasion de votre intégration (et début de salaire en tant que fonctionnaire) à l'IRA. C'est tout ce que je vous souhaite. C'est évidemment un excellent investissement, vous ne perdez pas 05 mois en cas d'échec lors de votre première tentative. Vous continuez alors votre préparation jusqu'au mois de juillet et votre seconde tentative.

4) Ayez un calendrier stratégique sur deux ans et demi de travail intense, correspondant à deux passages aux écrits au concours de l'IRA. Ainsi, vous débutez votre préparation en septembre de l'année N., idéalement l'année de votre Master 1.

* **Août de l'année N+1**, vous effectuez votre premier passage aux écrits. Les résultats tombent dès le mois d'août.

En cas d'échec, vous continuez à vous préparer aux épreuves du concours tout en ayant déjà validé votre Master 1. Le cap est désormais mis sur l'échéance des écrits du concours du mois de juiller de l'année N+2. N'arrêtez surtout pas vos révisions en fin d'année N+1.... Arrivez « les idées en place » lors de votre retour en classe préparatoire en janvier de l'année N+2 si échec aux oraux de l'année N+1.

Si vous faites du sport à bon niveau, imaginez quelle serait la conséquence sur vos performances de deux mois d'arrêt de toute pratique de votre discipline. C'est la même chose avec un tel concours. Vous arrêtez complètement pendant trois semaines puis vous reprenez en augmentant progressivement les temps de révision jusqu'à la rentrée de janvier N+2.

N'oubliez pas que les heures de révisions les plus performantes sont celles du soir, avant de se coucher. Le cerveau va continuer à assimiler ces dernières pendant votre sommeil.

* **Mois de janvier N+2,** soit vous faites votre rentrée à l'IRA, bravo. Soit vous continuez votre course de fond vers l'obtention du concours en débutant une préparation en classe préparatoire que je recommande (public ou privé ou en ligne). Il est essentiel d'enchaîner les épreuves blanches.

* **Juillet de l'année N+2,** vous faites votre second passage aux écrits du concours de l'IRA.

* **Août de l'année N+2**. Les résultats des écrits tombent, soit vous continuez vers les oraux, soit vous essuyez un second échec aux écrits, ce qui est un moment clé. Il vous revient alors de prendre une décision difficile : continuer ou passez à autre chose. Je vous recommande alors d'y réfléchir à froid une fois que vous avez reçu et sous les yeux vos notes à toutes les épreuves écrites. Ce n'est pas la même chose d'échouer à 7 ou 11 de moyenne générale à la

seconde tentative.

Il est évident qu'un facteur de budget rentre également en compte, ce sont des années où vous ne travaillez pas pour vos finances personnelles.

5) Passer plusieurs concours, un réflexe de sagesse compris et apprécié du jury.

« Est-ce mal perçu par un jury s'il s'aperçoit que l'on passe plusieurs concours la même année ? ». C'est une question qui revient souvent.
Non, bien sûr que non. C'est le fait de ne passer qu'un concours de ce niveau et avec si peu d'admis au final qui pourrait faire réfléchir un jury sur votre personnalité. Pas le fait d'en passer plusieurs.

Le jury est composé d'hommes et de femmes, parvenus à un haut niveau de la fonction publique. N'oubliez pas qu'ils sont humainement en âge d'avoir des enfants en phase d'études. Ils en connaissent la réalité, le coût et la sélectivité.

Je vous recommande d'adopter une ligne stratégique de cohérence. Choisissez de passer des concours qui ont tous un fil rouge en commun afin de pouvoir en discuter devant le jury sereinement à l'occasion d'un grand oral.

Par exemple : passer la même année l'Institut National du Service Public, l'Institut National des Etudes Territoriales vous permet d'instaurer un fil rouge.

Il est évidemment impensable de tous les passer. Je vous propose une liste de concours qui peuvent apporter une cohérence de passage simultané avec celui de l'IRA.

Le fil rouge est celui de la fonction publique, à haut niveau et plutôt généraliste.

Vous êtes étudiant, vous n'avez pas les moyens de passer des années à tout miser sur un seul concours, vous assurez un plan B en cas d'échec au concours de l'IRA. Bravo. C'est expliqué et légitime.

* Pour les candidats qui ont déjà une activité professionnelle et qui ambitionnent le concours, je ne saurais que trop vous conseiller de persévérer jusqu'à l'obtention de celui-ci. En effet, il n'y a plus de limite de nombre de présentations permises au concours, profitez-en. Le but est d'avoir les moyens d'y aller à fond évidemment.

J'ai l'exemple de fonctionnaires de catégorie A ou jeunes professionnels dans le secteur privé qui avaient une situation professionnelle stable, de bon niveau : trader, assistant, financier. Ils ont rapidement ressenti un vide et le besoin de faire autre chose. Ils ont stoppé leur activité professionnelle pour la plupart et ont obtenu le concours quelques mois après. Ceci après avoir investi dans une classe préparatoire.

C'est la méthode « du couper les ponts » qui déclenche inévitablement un surcroît d'énergie et de motivation à celui qui s'y engage. Je stoppe mon activité professionnelle dans le but de préparer et d'obtenir le concours de l'IRA. Vous prenez sur vos économies chaque mois. Vous y allez à fond sur le concours, pas besoin de vous faire davantage d'explications !

Voici 07 points capitaux pour vous aider à organiser votre temps quotidien afin de réussir le concours :

1) **Planifiez votre temps** : établissez un emploi du temps réaliste et détaillé pour chaque jour de la semaine. Allouez suffisamment de temps pour étudier chaque matière du concours. Identifiez également les moments où vous êtes le plus concentré et utilisez-les pour étudier les sujets les plus difficiles.

2) **Divisez votre temps en sessions d'étude :** il est préférable de diviser votre temps d'étude en sessions plus courtes et réparties tout au long de la journée plutôt que de vous lancer dans des sessions longues et épuisantes. Essayez de travailler par tranches de 45 minutes à 1 heure, suivie d'une pause de 10 à 15 minutes pour vous reposer et recharger vos batteries.

3) **Priorisez intelligemment :** identifiez les matières ou les sujets dans lesquels vous avez le plus besoin de vous améliorer et accordez-leur une attention particulière. Faites également attention à la répartition des différentes épreuves du concours et donnez plus de temps aux matières qui comptent le plus.

4) **Évitez les distractions :** pendant vos périodes d'étude, éloignez-vous de toutes les distractions comme les réseaux sociaux, les appels téléphoniques ou les messages. Mettez votre téléphone en mode silencieux et assurez-vous de trouver un endroit calme et propice à la concentration.

5) **Utilisez des techniques d'apprentissage efficaces :** expérimentez différentes méthodes d'étude pour trouver celle qui vous convient le mieux. Cela peut inclure la création de fiches de révision, la discussion avec des camarades de classe, la résolution de questions pratiques ou l'utilisation de techniques de mémorisation comme la répétition espacée.

6) **Prenez soin de vous :** négliger votre bien-être physique et mental peut avoir un impact négatif sur votre performance aux études. Assurez-vous donc de vous accorder suffisamment de temps pour dormir, manger sainement, faire de l'exercice et vous détendre. La gestion du stress est également essentielle, alors prenez le temps de faire des activités relaxantes, comme la méditation ou le yoga.

7) **Révisez régulièrement :** ne vous contentez pas d'étudier intensivement juste avant le concours, mais prévoyez plutôt des sessions de révision régulières tout au long de votre préparation. Répéter régulièrement les informations vous aidera à les consolider dans votre mémoire à long terme.

Au final, n'oubliez pas que chaque personne a sa propre manière de travailler et d'organiser son temps. Trouvez ce qui fonctionne le mieux pour vous, ajustez votre emploi du temps au fur et à mesure de vos progrès et soyez persévérant dans votre préparation.

Le choix du concours

Il est nécessaire de connaître les différentes voies du concours et choisir celle qui vous convient.

La réforme du concours posée par l'arrêté du 28 mars 2019 consacre la simplification du concours et sa modernisation. Trois axes majeurs caractérisent désormais le concours des IRA :

1) **Les épreuves sont communes aux trois concours : externe, interne et 3e concours**.

   - Les modalités d'épreuves sont identiques pour les trois voies d'accès afin de marquer le caractère commun des attendus, en termes de compétences et d'aptitudes, à l'entrée en IRA.

   - Les caractéristiques propres aux candidats de chaque catégorie de concours sont prises en compte lors de l'évaluation de leurs prestations, à travers une différenciation des attendus en terme de compétences et d'exigences. Cette différenciaton se traduit par une évaluation propre à chaque catégorie de concours. Un candidat externe n'est pas en concurrence avec un candidat interne, par exemple. Un quota de places par voie de concours est fixé au moment de l'ouverture du concours.

   - Toutes les épreuves sont obligatoires et toute note inférieure à 5 sur 20 est éliminatoire. Toute absence à l'une des épreuves entraîne l'élimination du candidat. En cas d'absence à l'une des épreuves d'admissibilité, la participation éventuelle à l'autre épreuve n'est pas notée.

2) **Les épreuves écrites d'admissibilité sont centrées sur la détection des compétences**

   - L'épreuve de cas pratique a pour objet de sélectionner les candidats dont les productions révèlent les meilleures aptitudes à la résolution appliquée d'une commande sur dossier.

- L'épreuve de questionnaire à choix multiples est destinée à vérifier l'acquisition d'un socle minimal de connaissances exigées pour pouvoir suivre la formation en IRA dans les meilleures conditions.

3) L'épreuve d'entretien avec le jury, le grand oral, adopte un caractère d'entretien de recrutement renforcé.

Au cours de cet entretien, le jury évalue les aptitudes et la motivation des candidats à exercer les fonctions auxquelles prépare la formation délivrée par les IRA notamment sous la forme de mises en situation professionnelle, d'interrogations sur les enjeux des politiques et leur environnement administratif.

Concrètement, un quota de places d'admission est fixé pour chaque concours par arrêté officiel. Ce quota se répartit ensuite entre les différentes voies de concours : externe, interne et 3e concours. Ceci sur chacun des 5 instituts régionaux d'administration. Vous mentionnez dès l'inscription le choix de votre IRA. Vous serez donc en concurrence avec les autres candidats ayant fait le choix de cet IRA, tout en ayant les mêmes épreuves de concours.

Par exemple, vous vous inscrivez en tant que candidat externe à l'IRA de Metz. Les sujets seront les mêmes pour les 5 IRA sur votre session de concours. Par contre, vous n'êtes en concurrence qu'avec les autres candidats externes inscrits à l'IRA de Metz. Il y a d'ailleurs 5 jury de concours différents, un par IRA.

* **Le concours externe :**

- Il est nécessaire d'avoir sa Licence ou un autre diplôme classé au moins au niveau 6, ou d'une qualification reconnue au moins équivalente à l'un de ces titres ou diplômes au moment de l'inscription

C'est le parcours privilégié des étudiants.

* Le concours interne :

- Accessible aux fonctionnaires de l'Etat, aux militaires et aux agents de l'Etat, des collectivités territoriales et des établissements publics qui en dépendent, y compris ceux visés à l'article L5 du code général de la fonction publique, aux agents permanents de droit public relevant de l'Etat ou des circonscriptions territoriales exerçant leurs fonctions sur le territoire des îles Wallis et Futuna, aux agents permanents de droit public relevant du territoire exerçant leurs fonctions sur le territoire des îles Wallis et Futuna et aux magistrats en position d'activité, de détachement ou de congé parental, ainsi qu'aux agents en fonction dans une organisation internationale intergouvernementale.

- Les candidats doivent justifier, à la clôture des inscriptions, de quatre années au moins de services publics. (les périodes de formation initiale ne comptent pas).

- Cette voie de concours est ouverte aux candidats qui justifient d'une durée de services accomplis dans une administration, un organisme ou un établissement d'un Etat membre de l'Union européenne ou d'un Etat partie à l'accord sur l'Espace économique européen autres que la France dont les missions sont comparables à celles des administrations et des établissements publics dans lesquels les fonctionnaires civils mentionnés à l'article 2 du code général de la fonction publique exercent leurs fonctions, et qui ont, le cas échéant, reçu dans l'un de ces Etats une formation équivalente à celle requise par les statuts particuliers pour l'accès aux corps considérés.

* Le 3e concours, la reconversion professionnelle

- Ouvert aux candidats justifiants, à la date de clôture des inscriptions, de l'exercice, durant au moins cinq années au total, d'une ou de plusieurs activités professionnelles, quelle qu'en soit la nature, d'un ou de plusieurs mandats de membre d'une assemblée élue d'une collectivité territoriale ou d'une ou de plusieurs activités en qualité de responsable, y compris bénévole, d'une association.

Quelques chiffres utiles

Voici quelques chiffres officiels et publics sur le concours des IRA tirés du rapport du concours 2023. Il concerne les statistiques de l'IRA de Lille.

Pour la session 2023, le nombre total de postes offerts aux concours pour le recrutement de l'IRA de Lille a été fixé à 77 réparties comme suit :
- 39 postes au titre du concours externe
- 30 postes au titre du concours interne
- 8 postes au titre du troisième concours.

- Nombre de candidats présents : 426 en externe ; 223 en interne ; 43 pour le 3e concours, ce qui en fait un concours sélectif
- Nombre d'admissibles : 121 en externe ; 106 en interne et 21 pour le 3e concours.

- 61,04 % de femmes sur le total des admis
- 692 candidat(e)s ont composé sur les épreuves écrites
- 233 candidat(e)s ont passé les oraux.

Typologie des épreuves

Le concours de l'IRA se compose de deux phases distinctes.

1) Une phase d'admissibilité.
2) Une phase d'admission.

1) **La phase d'admissibilité** comprend le passage impératif de 2 épreuves écrites. Ces dernières à la différence d'autres concours vous sont imposées. C'est-à-dire qu'il n'y a par exemple pas le choix de composer sur telle ou telle matière.

L'article 1 de l'arrêté du 28 mars 2019 fixant les règles d'organisation générale, la nature, la durée, le programme des épreuves précise que *« les concours externes, les concours internes et les troisièmes concours d'accès aux instituts régionaux d'administration comportent deux épreuves écrites d'admissibilité et une épreuve orale d'admission. Ces épreuves sont communes à l'ensemble des concours d'accès aux instituts régionaux d'administration. »*

Vous passerez ainsi successivement :

– une épreuve de résolution d'un cas pratique, à partir d'un dossier portant sur un ou plusieurs thèmes d'actualité des politiques publiques relevant de l'Etat, durée 4 heures, coefficient 5.

– une épreuve de questionnaire à choix multiples visant à vérifier les connaissances du candidat en matière de culture administrative et juridique, de finances publiques, d'organisation, de fonctionnement et de politiques des institutions européennes et de culture numérique, ainsi que son aptitude à la décision par le biais, le cas échéant, de mises en situation. durée 1h30, coef 2.

2) La phase d'admission

La dernière marche avant l'admission va consister à passer l'épreuve reine du grand oral, 30 minutes dont 5 minutes de présentation par le candidat, coef 7.

L'analyse des coefficients est sans équivoque : l'admissibilité se fait à l'épreuve de cas pratique. En outre, le coefficient 7 de l'oral permet à tout candidat de pouvoir être admis, quel que puisse être la moyenne obtenue aux épreuves écrites.

L'épreuve du grand oral est donc celle qui peut permettre à un candidat qui a passé de justesse la barre d'admissibilité d'obtenir le concours en remontant le classement à la faveur d'une épreuve réussie à fort coefficient.

À l'inverse, un candidat performant qui passerait à côté de son épreuve du grand oral peut tout à fait ne pas être admis.

Considérez bien ceci à sa juste valeur : le jury veut voir les candidats. Le jury se donne la possibilité d'écarter un candidat tout comme il dispose de la puissance du coefficient pour propulser un candidat qu'il estime pouvoir intégrer les rangs de l'IRA.

Il est donc quasi impossible d'obtenir ce concours sans avoir au moins effectué un oral blanc type. Cette épreuve fait l'objet d'un chapitre détaillé. Elle ne s'improvise pas. Chaque séquence se travaille. C'est d'ailleurs le prix à payer pour être confiant et à l'aise le jour J : un entraînement détaillé et rigoureux.

Au final, je vous propose de voir les choses de manière utile et prospective. Le jury a conscience qu'un candidat qui s'est préparé à cette épreuve au point d'y être à l'aise et de la réussir a déjà commencé sa formation à la carrière de fonctionnaire de catégorie A où cet exercice revient très souvent.

CHAPITRE 3 : Réussir l'épreuve écrite de cas pratique à partir d'un dossier : la méthode secrète pour prendre des points

Le premier élément à prendre en compte pour passer le cap d'une admissibilité d'un concours de la haute fonction publique est que cela n'a rien à voir avec un passage de semestre.

Faites immédiatement le deuil de cette comparaison. Elle mène à l'échec.

Je sais que beaucoup d'étudiants ont analysé le système universitaire et savent qu'à un moindre effort, il est aujourd'hui possible d'obtenir son diplôme laborieusement, après des rattrapages et des moyennes vraiment peu glorieuses. Ceci en faisant l'impasse sur des blocs de matière, comme l'on joue au jeu de bonnetto.

Prétendre à un tel concours avec cet état d'esprit ne vous mènera qu'à l'échec, je n'ai aucun contre-exemple à vous fournir concernant l'IRA. Tous les gens admis ont au moins un point commun, je vous le garantis, ils n'étaient pas les derniers de liste les jours d'affichage de résultats de semestre. Soyons honnêtes.

Il n'y a pas de rattrapages à un concours. Surtout, avoir 10 de moyenne générale aux écrits ne mène jamais à une admissibilité à ce concours, voilà où je veux en venir. Visez plutôt le cap du 12.

La bonne nouvelle, c'est que qui que vous soyez au moment de la lecture de ces lignes, il est tout à fait possible de mettre en place une stratégie de travail intensif pour obtenir ce concours.

La lecture de ce livre est une première pierre à cet édifice.

Il est donc nécessaire de s'engager dans ses copies, parfois prendre des risques, afin de se démarquer. C'est le propre de la sélection. Seuls les regrets sont éternels. Et le goût de l'échec est amer et souvent pour de longues années chez ceux qui ont échoué dès les écrits avec un 11 de moyenne, persuadés d'avoir réussi et contents d'eux.

L'épreuve écrite du cas pratique fait l'objet d'une double correction, par deux personnes qui ne se connaissent pas et ne se concertent pas. Par contre, ces personnes se voient imposer une grille du correcteur qui consacre généralement 5 points aux critères de forme : problématique, plan, orthographe, grammaire, propreté de la copie.

Un candidat avisé en vaut deux.

Une épreuve piège dont il convient de comprendre ce qui est attendu par le correcteur

C'est une épreuve clé, si ce n'est l'épreuve que j'estime décisive et sélective au stade des écrits. Que vous compreniez ce qui est attendu par les correcteurs et vous êtes susceptible de prendre beaucoup de points.

Cette épreuve doit donner lieu à une note argumentée introduisant des propositions, des solutions pratiques formalisées dans des annexes.

Elle dure quatre heures et est coefficientée 5.

L'autre épreuve d'admissibilité, le QCM, a un coefficient de 2. La compréhension des attendus de cette épreuve est donc indispensable à la réussite au concours.

Le rapport du jury met en garde les candidats en mentionnant que certains « *ayant eu une relative bonne note ont pu être exclus par une note éliminatoire aux QCM.* »

De manière générale, tous les candidats admissibles ont des résultats globalement satisfaisants à cette épreuve dans les trois concours, autour ou au-delà de la moyenne. C'est un indicateur à prendre en compte.

Aucune mention d'identité ou signes distinctifs (nom, prénom, signature, initiales, service…) ne doit figurer sur la copie. La rupture d'anonymat entraine l'exclusion du concours.

L'épreuve de cas pratique est bien celle d'une mise en situation professionnelle. On attend donc, à l'instar d'une note que pourrait produire un attaché à son supérieur hiérarchique, une note opérationnelle, des informations fiables et synthétiques et des propositions ou des annexes applicables.

Le cas pratique est un exercice de positionnement et de projection en situation professionnelle qui oblige à mobiliser des aptitudes rédactionnelles plutôt que des connaissances académiques.

Le cas pratique répond aux attentes d'un commanditaire supposé. Il s'agit donc d'une commande précise faite aux candidats qui doivent démontrer leur capacité à problématiser, à repérer les enjeux, à être force de proposition et qui doivent rédiger leur production dans un style et une forme administrative.

Il ne s'agit en aucun cas d'une dissertation sous forme administrative, ni d'une note de synthèse dans laquelle le candidat introduirait des connaissances acquises antérieurement.

Le jury rappelle qu'un document rédigé sous forme administrative est factuel et neutre, les phrases en sont courtes, claires, précises et que certaines expressions qui ne relèvent pas du registre administratif sont à proscrire du genre « force est de constater », « à telle enseigne », etc.

L'utilisation d'un style trop littéraire n'est pas opportune comme l'utilisation récurrente d'adverbes de liaison tels que « néanmoins », « nonobstant » ou « en outre ».

Le jury constate que de nombreuses copies comportent des

éléments entiers d'informations contenues dans le dossier, reproduites in extenso dans le dossier documentaire, soit sous forme de paragraphes entièrement copiés ou de passages en entiers ou d'extraits mots pour mots sous forme de tirets qui dénotent de la part de certains candidats de l'absence d'esprit de synthèse et de retraitement des informations sur le fond.

L'épreuve est un exercice de reformulation opérationnelle.

Une attention particulière doit être portée au traitement des annexes.

La production des annexes est parfois négligée et semble perçue par certains candidats comme une production accessoire et anecdotique alors qu'elle constitue une production à visée professionnelle. Le choix est donné aux candidats de choisir le type d'annexes qu'ils auront à produire, aussi, ils auront un intérêt à réfléchir aux deux questions pour choisir de traiter celles qui leur sembleront les plus aisées au regard de celles qu'ils maîtrisent le mieux.

La dimension pratique de ces documents est souvent sous-estimée par les candidats. Les annexes demandées se sont parfois révélées peu opérationnelles et très souvent bâclées et incomplètes. Les annexes doivent correspondre à une plus-value et attestent que les candidats ont compris le sens et l'utilité des productions que l'on attendait d'eux, comme cela est demandé dans l'univers professionnel d'un cadre A.

Les annexes sont une partie constituante de l'exercice du cas pratique, ils viennent en complément de la note et renforcent la finalité d'outils synthétiques à disposition du commanditaire.

La bonne nouvelle, c'est qu'il n'y a pas de programme de révision pour cette épreuve, il s'agit d'un cas pratique.

La mauvaise nouvelle, c'est qu'elle constitue le piège par excellence à ce stade des écrits.

Vous n'imaginez quand même pas que vous allez obtenir

votre ticket d'admissibilité à un tel concours en vous contentant d'attendre le jour J pour cette épreuve de cas pratique, découvrir le sujet d'une trentaine de pages et effectuer tant bien que mal une synthèse de tout cela au moyen des seuls documents fournis dans le dossier.

C'est le choix qui est fait par de nombreux candidats, à tort.

Ils font le choix tactique de concentrer leurs révisions sur le programme de l'épreuve de QCM.

N'oubliez pas qu'il s'agit d'être admissible à l'un des concours les plus sélectifs de la fonction publique française.
Ce n'est pas un passage de semestre en université ou Grande École.
Il faut au dessus de 11, voire 12 pour avoir le droit de se présenter aux oraux.

Les modalités de l'épreuve

L'article 2 de l'arrêté du 28 mars 2019 mentionne qu'il s'agit d'un cas pratique « *à partir d'un dossier portant sur un ou plusieurs thèmes d'actualité des politiques publiques relevant de l'Etat. Cette épreuve vise à vérifier les qualités rédactionnelles des candidats, leur capacité d'analyse et de synthèse ainsi que leur aptitude à proposer des solutions de manière argumentée et organisée. Le dossier, qui ne peut excéder trente pages, porte sur un ou plusieurs thèmes d'actualité choisis par le jury parmi une liste fixée par arrêté du ministre chargé de la fonction publique.* »

L'arrêté du 12 février 2024 fixant la liste des thèmes d'actualité de la première épreuve d'admissibilité de la session 2024 indique que les thèmes retenus sont « *les enjeux de cohésion sociale, de développement durable et de diversité des territoires dans les politiques publiques ; les finances publiques et intervention économique ; l'évolution des services publics : enjeux de transformation, notamment numérique ; le système éducatif, du premier degré à l'enseignement supérieur ; les enjeux européens et internationaux des politiques publiques ; l'organisation territoriale de la France.* »

Le sujet importe peu. La liste est tellement large que vous ne pouvez pas le prévoir. C'est l'application d'une méthode rigoureuse, quel que soit le sujet, qui fait la différence.

- Sur le contenu du sujet

À partir d'un thème, le sujet présenté aux candidats sera souvent présenté de la manière suivante :

1) **votre positionnement au sein du sujet**

L'épreuve visant à vous mettre dans une situation proche de la réalité à laquelle vous êtes susceptible d'être confronté, votre positionnement est en premier lieu précisé.

« Vous êtes chargé de mission développement durable à la préfecture A ce titre le Préfet vous désigne référent pour le suivi du dossier X. Une feuille de route a été élaborée pour certaines collectivités en concertation avec l'ensemble des acteurs et la préfecture en assure la mise en œuvre et le suivi pour répondre à une ambition collective. »

Le sujet vous donne donc les caractéristiques essentielles de votre positionnement, avec des éléments contextuels précisant la nature du service, son activité etc.

2) **problématique à laquelle la mesure envisagée doit répondre**

La mise en situation de départ, la première page du sujet, est sans équivoque.

Il s'agira soit d'un contexte de :

- inquiétude d'élus quant aux effets de la mise en œuvre d'une loi ou d'un texte réglementaire,
- une analyse faite par le Préfet (votre supérieur hiérarchique),
- la réception de doléances émanant d'autorités (préfet,

élus), ou de justiciables,
- changement intervenant dans un cadre plus large de réorganisation,
- évolution de la doctrine d'emploi de la direction centrale.

Par exemple : *«Dans la perspective du comité de direction qu'il réunit, le préfet vous demande de préparer une note à destination de tous les directeurs et directrices des services déconcentrés sur la mise en œuvre du plan de sobriété énergétique. »*

3) l'origine de la mesure

L'énoncé vous indiquera sans équivoque à nouveau l'origine de la mesure :

– Mesures législatives ou réglementaires
– ce peut être l'idée d'un nouveau chef de service,
– la proposition émanant de la hiérarchie intermédiaire du service,
– une demande du directeur de votre Direction d'emploi
– une instruction de la direction centrale.

4) le contenu de la mesure

Il s'agit de savoir en quoi consiste le changement envisagé. Ce qui va changer par rapport à l'existant. C'est ici que la nature des annexes que vous aurez à fournir est détaillée.

Pour poursuivre avec l'exemple du sujet de cas pratique de la session d'automne 2023. *« Vous préparez à l'intention du préfet une note présentant les objectifs poursuivis et les modalités de leur mise en œuvre, et proposant une stratégie de mobilisation à l'échelle du département.*

Afin d'illustrer vos propositions, vous joindrez à votre note une première annexe opérationnelle présentant un bilan à mi-parcours de l'action des collectivités déjà engagées. Vos propositions seront étayées par une seconde annexe opérationnelle que vous choisirez dans la liste ci-dessous :
   - *une proposition de modèle de feuille de route*

- *un programme du séminaire de présentation de la démarche*
- *une carte des acteurs*
- *un projet de communication institutionnelle.* »

Être attaché d'administration sans jamais l'avoir été : comment faire ?

Il est bon de le répéter car c'est ici que beaucoup de candidats passent à côté de cette épreuve : ce n'est pas une note de synthèse. Vous n'avez aucune chance d'avoir la moyenne si vous vous contentez d'une synthèse. Laissez cet écueil et ce résultat aux candidats non préparés.

Comment faire une fiche technique administrative de propositions en tant qu'attaché de l'administration d'etat alors que nous ne sommes pas encore cadres de l'administration ?

Bravo, voilà le piège identifié et pourquoi c'est une épreuve clé et qui peut rapporter beaucoup de points au candidat qui est préparé.

- **Au niveau mental** :

Autant se dire les choses, il y a bien une part de schizophrénie dans cette épreuve : agir en tant qu'attaché alors que vous êtes des étudiants ou professionnels qui n'avez jamais porté, en toute logique, le costume de cadre de l'administration.

Pour les candidats internes, à savoir des fonctionnaires d'un corps subalterne ou d'autres administrations, il s'agit d'un avantage indéniable. Ils ont ici une magnifique aubaine de prendre des points.

Pour tous les candidats, je suggère dès maintenant, sans attendre la veille de l'épreuve, d'adopter une stratégie mentale afin de se préparer au jour J.

Le but est d'agir comme un sportif de haut niveau face à une compétition : s'entraîner, visualiser et concourir en pleine capacité de ses moyens.

L'entraînement mental, c'est d'abord de se dire que vous n'avez pas le choix de passer à côté de cette épreuve. Vous n'êtes pas les premiers et ne serez pas les derniers, d'autres y sont arrivés.

1) **Vous vous interdisez dès maintenant de faire une note de synthèse ce jour-là**, interdiction totale. Cette épreuve n'est pas une note de synthèse.

2) **Vous vous préparez mentalement à agir ce jour-là en tant que fonctionnaire, attaché d'administration d'état de catégorie A**. Un dossier d'une trentaine de pages va être posé sur votre table de concours le X à telle heure (notez précisément la date et l'heure, cela rend la préparation mentale plus performante), vous rendrez quatre heures plus tard une note administrative qui propose des solutions pour régler un problème. Il n'y aura pas de première partie où vous dites OUI et une seconde partie où vous dites NON, il y a un problème à régler, vous en posez les contours — juridiques, statistiques, humains, partenariats — et vous proposez des solutions concrètes.

3) Cet aspect me paraît fondamental. Dites-vous que ce que vous écrivez dans cette note vise à **résoudre un problème** à votre N+1 dont il n'a pas le temps de se consacrer. Concrètement, lorsque vous êtes devant votre copie, tant en phase de réflexion qu'en phase de rédaction, dites-vous régulièrement que cette note va servir à être lu, comprise, voire utilisée par son destinataire, votre supérieur hiérarchique, en 20 minutes dès le soir même.

Vous avez compris la conséquence de cela sur votre copie : style direct : sujet, verbe, complément, un plan simple adapté à une situation locale et des solutions pratiques hiérarchisées à court — moyen et long terme si le sujet s'y prête.

La suite de ce chapitre va vous donner les armes pour être crédible dans cette épreuve. Il n'y a pas d'autres solutions que de connaître les bases du vocabulaire que votre correcteur emploie au quotidien.

L'épreuve vous plonge dans le monde des fonctionnaires de catégorie A de la fonction publique d'état, à vous d'en connaître un minimum de bases, de fondations pour passer cette épreuve et gagner beaucoup de points.

4) **Le jour J**. Comme avant chaque épreuve, vous vous retrouverez au moins 20 minutes avant la distribution des copies assis seul, en silence, à ne rien pouvoir faire à votre table. Profitez en pour maximiser vos chances de réussite en mettant à profit les 3 premiers points de la séquence mentale.

Fermez les yeux ou fixez un point fixe. Prenez quelques respirations par le ventre en respirant par le nez. Vous inspirez en comptant jusqu'à 2, retenez votre souffle jusque 16 puis soufflez en comptant lentement jusque 4. Recommencez quelques fois. Détendu, vous allez vous répéter « *je suis attaché — dans quelques minutes, mon secrétariat va déposer sur mon bureau un dossier qui pose problème à mon directeur. Il a besoin d'une réponse dans 4 heures lui exposant le problème et lui proposant des solutions. Il a dès ce soir un rendez-vous avec le Préfet. Il va lui en parler. Je suis prêt, j'ai fait tout ce que j'ai pu pour en arriver là, j'ai à ma disposition les outils pour être aussi crédible que cohérent, et quoiqu'il arrive, dans quatre heures, mes amis resteront mes amis.* »

Top départ, le dossier est déposé sur votre bureau, vous êtes mentalement au sommet de vos capacités, votre inconscient est en phase avec la partie consciente de votre cerveau.

Il n'est pas interdit d'avoir une boisson énergisante sur sa table le jour du concours. À vous de voir. Il est indispensable de l'avoir testé une fois avant sur « une épreuve blanche » en cours d'année par contre.

La méthode du plan d'action

Maintenant que vous êtes dans l'esprit de l'épreuve, je vais vous expliquer comment mettre le tout en forme simplement de manière cohérente.

N'oubliez jamais le fil rouge, le « pourquoi avez vous cela à faire ? il s'agit d'une fiche technique argumentée qui sera lu en 20 minutes par votre supérieur hiérarchique et qui vise à lui donner des solutions directement applicables à l'issue.

Vous le savez désormais, la note de synthèse est interdite. C'est le crash assuré au niveau de votre note. C'est mentionné chaque année dans le rapport public du jury depuis que cette épreuve existe.

Vous allez donc adopter une méthode que j'ai proposé à mes étudiants dès l'apparition de cette épreuve, et qui fonctionne très bien. Surtout, elle ne vous demande que peu d'investissement dans la phase de préparation au concours : faire au minimum deux à trois épreuves blanches dans les conditions du concours afin de s'exercer suffiront. Pourquoi faire compliqué lorsque l'on peut avoir 16/20 en faisant simple et pragmatique ?

L'enjeu réside dans le fait que l'appropriation de cette méthode va vous permettre, quelle que puisse être la commande, d'analyser tous les aspects du sujet sans rien oublier ainsi que de vous poser les questions nécessaires à l'exposé des informations utiles.

C'est une épreuve pratique, à la différence du QCM.

La méthode du questionnement ou plan d'action est un outil d'aide à la résolution de problèmes comportant une liste quasi exhaustive d'informations sur la situation. Voilà la pépite que vous attendiez pour faire face sereinement à cette épreuve.

En appliquant rigoureusement cette méthode, vous ne pouvez pas passer à côté du sujet, c'est impossible. Tous mes étudiants, sans exception, obtiennent au moins la moyenne en l'appliquant, dès la première épreuve blanche. La plupart finissent à plus de 15/20 au concours.

Il y a un moyen mémo-technique pour cela : « QQOQCCP » qui correspond sans difficultés à :
Q= Quoi ?

Q= Qui ?
O= Où ?
Q= Quand ?
C= Comment ?
C= Combien ?
P = Pourquoi ?

Cette méthode est privilégiée dans des situations professionnelles qui nécessitent l'élaboration d'un nouveau processus ou encore la mise en place d'actions correctives. Cela tombe bien pour vous : c'est précisément le fond de l'épreuve.

Le QQOQCCP va vous permettre de récolter des informations précises et exhaustives de la situation problématique posée et d'en mesurer le niveau de connaissance que vous en possédez, tant personnellement qu'à l'issue de la lecture des documents.

L'épreuve dure 4 heures, il convient de diviser votre temps en 2.

Il reste donc deux heures pour la lecture du sujet et du dossier en appliquant le plan d'action et d'établir un plan détaillé. Vous avez ensuite deux heures pour rédiger.

Vous allez donc judicieusement d'abord jeter un premier coup d'œil sur la nature des documents qui vous sont proposés : articles de presse, extraits de lois ou règlements, courriers d'élus, doctrine administrative,…

* Vous allez d'abord hiérarchiser l'ordre de lecture prioritaire.

1° tout ce qui a trait à la réglementation juridique, vous êtes attaché, fonctionnaire de catégorie A, vous devez être précis sur ce point, qui apparaîtra toujours dans votre première partie.

2° les courriers d'élus, ce sont des éléments d'ambiance et de contexte essentiels, notamment dans vos propositions de solutions dans la seconde partie. Exemple : le dossier vous donne copie du courrier de maires ou députés qui sont excédés par l'impact de nouvelles mesures réglementaires. En position de représentant de l'État en service déconcentré, la préfectorale, comme en administration centrale, vous faites évidemment l'explication pédagogique des textes législatifs ou réglementaires adoptés par le gouvernement et composez dans le sens de leur « promotion » auprès des territoires. Ne tombez pas dans le piège de suggérer le retrait de textes ou de suivre la critique générale des documents fournis.

Au final, un préfet est le représentant du gouvernement au sein d'un territoire défini, le département. Son poste est révocable tous les mercredis matin par décrêt en conseil des ministres.

3° Articles de fond d'associations, magasines spécialisés ou techniques

4° articles de journaux.

Il peut y avoir un document « piège » qui n'a aucune utilité parce qu'il traite d'un autre sujet. Vous n'êtes en aucun cas tenu de citer les documents dans la note administrative, tout au contraire, il est recommandé d'adopter une posture de futur professionnel. Concrètement, ne mettez pas un (document 2) en fin de phrase.

* **Vous parcourez ensuite chaque document en lui appliquant le filtre du QQOQCCP qui dirige votre prise de note.** Ce tableau résume de manière pratique les questions à vous poser devant le dossier fourni.

	Description	**Questions à se poser**	**Cibles**
Quoi ?	• De la problématique	• De quoi s'agit-il ? • Que s'est-il	• Objet • Actions • Procédés

	• De la tâche • De l'activité	passé • Qu'observe-t-on ?	• Phase • Opération • Machine
Qui ?	• Des personnes concernées • Des parties prenantes • Des intervenants	• Qui est concerné ? • Qui a détecté le problème ?	• Personnel, partenaires, population,...
Où ?	• Des lieux	• Où cela s'est-il produit ? • Où cela se passe-t-il ? • Sur quel poste ?	• Lieux, département, circonscription,
Quand ?	• Du moment • De la durée • De la fréquence	• Quel moment ? • Combien de fois par cycle ? • Depuis quand ?	• Mois, jour, heure, durée, fréquence, planning, délais
Comment ?	• Des méthodes • Des modes opératoires • Des manières	• De quelle manière ? • Dans quelles circonstances ?	• Moyens, fournitures, procédures, mode opératoire

Combien ?	• Des moyens • Du matériel • Des équipements	• Quel coût ? • Quels moyens ? • Quelles ressources ?	• Budget, pertes, nombre de ressources.
Pourquoi ?	• Des raisons, des causes, des objectifs	• Dans quel but ? • Quelle finalité ?	• Action correctives, préventives, former, atteindre les objectifs ...

* Vous rédigez ensuite un plan détaillé sur votre brouillon qui intègre ce plan d'action

Pour réussir cette épreuve, il est nécessaire de vous convaincre au préalable qu'il n'est pas attendu autre chose qu'un document administratif opérationnel pratique. Ni plus ni moins.

Dites-vous que la copie que vous allez rendre peut être utilisée le jour même par un supérieur hiérarchique qui ne connaît peut-être même pas le sujet.

C'est le but de la première partie : expliquer, poser le problème et ses enjeux. Il est donc absolument indispensable dès cette étape de mettre au niveau local les problématiques économiques, sociales, juridiques, d'ordre public qui sont posées par le sujet.

Vous n'aurez jamais la moyenne si vous faites une première

partie qui traite des problèmes juridiques du dossier (une synthèse des documents en somme) sans jamais en faire la pédagogie locale.

Je vais vous expliquer comment faire savoir de manière explicite au correcteur que vous n'êtes pas tombé dans le piège. Ce dernier est pourtant évoqué chaque année par des rapports public du jury.

À la fin de la première partie, votre supérieur hiérarchique, qui ne connaît peut-être pas le sujet, a connaissance des enjeux du dossier, avec sa mise en perspective locale. J'insiste sur ce dernier point.

Le sujet traite de la prostitution au sein du département X. Vous avez un dossier de 30 pages dont 20 traitent de lois, règlements et articles de journaux nationaux et quelques documents sur la délinquance locale et un courrier du maire exaspéré. Votre première partie mentionnera explicitement dès son titre : « UNE RECRUDESCENCE DE LA PROSTITUTION AU CŒUR DU DÉPARTEMENT DE X A RÉSORBER ». Première sous partie, vous expliquez la situation juridique actuelle du sujet en mentionnant quelques statistiques locales. Deuxième sous-partie, les leviers existants à utiliser pour s'attaquer au problème, c'est-à-dire les solutions générales, juridiques, pratiques, économiques ou autres mentionnées dans le sujet.

La seconde partie vise à donner à votre supérieur hiérarchique un plan d'action concret et pratique pour pallier au problème immédiatement. Dix minutes après avoir lu votre copie et se l'être approprié, il est censé pouvoir en discuter avec le ministre et dire ce qu'il va commencer dès le soir même. La semaine suivante, il intègre le dossier avec les partenaires locaux du secteur : les bailleurs sociaux, la mairie, les transporteurs, les associations, forces de l'ordre.

Fort de ces actions, il prend rendez-vous avec les élus pour leur en faire la pédagogie.

Voilà la copie qui dépasse 15/20. Cette façon de présenter votre copie s'applique à tous les sujets de concours qui connaissent cette épreuve.

Si vous pensez à cette logique de transmission de connaissances à un supérieur hiérarchique et à la possibilité pour lui de commencer 10 minutes après la lecture le plan d'action proposé auprès d'un ministre comme si c'est lui qui l'avait préparé depuis des heures, vous avez gagné.

Vous n'avez évidemment pas besoin de connaître quoi que ce soit au sujet de manière préalable. Au contraire, si le sujet porte sur un dossier que vous avez traité en stage, vous pouvez tout à fait le réaliser sans trop vous attarder sur les documents. Vous vous limiterez aux éléments de contexte locaux évidemment : statistiques, courrier d'élus…

La rédaction de la copie

Il est attendu une introduction courte et opérationnelle en 10-20 lignes. Vous exposez le problème avec une problématique sous forme de question et une annonce de plan. Vous procédez de la même façon que pour une introduction de dissertation sur le plan formel. Sur le fond, vous faites déjà savoir au correcteur qu'il s'agit d'une problématique nationale, l'exemple de la prostitution par exemple, qui pose un problème départemental, vous mentionnez la circonscription et les quartiers visés, auquel vous allez proposer un plan d'action à plusieurs possibilités pratiques au profit de votre département.

Vous n'êtes pas ministre de l'Intérieur, vous ne vous attaquez pas de manière générale au problème, c'est le secteur de votre département qui pose problème qui vous intéresse. Vous êtes le technicien d'un Préfet dans notre exemple.

Vous indiquez les titres de vos parties et sous-parties comme pour une dissertation. S'il y a une chose à retenir, c'est que la simple lecture de votre plan fasse ressortir, quel que puisse être le sujet, qu'il existe un problème (d'envergure nationale) qui se pose sur un secteur de votre département et que vous proposez un plan d'action concret et directement applicable, en phase avec la législation en vigueur, pour le résorber.

Je suis sûr que tous les lecteurs de ce livre sont capables de faire cela.

Dans la seconde partie, vous pouvez utiliser des petits tirets pour faciliter la lecture de vos propositions.

Vous concluez en quelques lignes, de manière positive. Il y a un problème, des solutions existent, du court terme au long terme, commençons à la résoudre de manière coordonnée.

Il est absolument proscrit, sous peine de voir sa copie annulée, de mentionner vos noms et prénoms en en-tête de copie ou à la fin de celle-ci.

Vous ne signez pas le document.

Il est temps de concrétiser toutes ces explications par l'analyse d'une copie de concours. Je vous propose ensuite un sujet blanc et une correction type pour vous entraîner.

- **Exemple d'une copie du concours IRA Automne 2023, Lyon, meilleur candidat externe. Copie délivrée en accès libre par l'organisateur à des fins pédagogiques.**

[Marianne]

PRÉFECTURE DU DÉPARTEMENT X   À xxx,
Direction de la coordination, des politiques publiques,   le jj/mm/année
et de l'appui territorial
Affaire suivie par NOM Prénom,
Chef du bureau de la coordination interministérielle
et de l'environnement

Tél :
Courriel :

<u>Note à l'attention des directeurs et directrices des services déconcentrés</u>

<u>Objet</u> : Mise en œuvre territoriale du plan de sobriété énergétique par les services déconcentrés de l'État

<u>Références</u> : + Circulaire 10 novembre 2022 relative au plan de sobriété énergétique de l'État
+ Circulaire 24 septembre 2022 déclinaison du plan sobriété énergétique au sein des opérateurs d'enseignement supérieur

<u>Annexes</u> : + Rétroplanning des grandes étapes avant la réunion
+ Cartographie des acteurs

    Suite aux tensions internationales sur l'approvisionnement en énergie (invasion de l'Ukraine par la Russie) et dans une logique .../...

de planification de long terme de la transition écologique de l'État, le gouvernement a souhaité déployer sur le territoire français un plan de sobriété énergétique pour répondre ainsi aux enjeux du changement climatique et faire face à la crise énergétique. Dans ce cadre, et dans la perspective de la tenue du comité de direction, monsieur le Préfet m'a chargé(e) de l'élaboration de cette note relative à la mise en œuvre du plan de sobriété énergétique au sein des services déconcentrés.

Par la présente, je vous prie de bien vouloir trouver une présentation générale du plan de sobriété énergétique (I) ainsi que des propositions de modalités d'élaboration d'un plan d'action de sobriété (II). Également, deux annexes opérationnelles complèteront la note.

※ ※ ※

> **I/ Un plan de sobriété énergétique qui répond à une situation d'urgence avec une obligation de résultats immédiats**

Le contexte international et environnemental oblige l'État français a accéléré son adaptation ainsi que son engagement et ses actions au profit de la sobriété énergétique (A). Le déploiement d'outils stratégiques tel que le plan de sobriété composé d'une ribambelle de mesures sert au renforcement de l'action de l'État dans ses services territorialisés (B).

A) <u>La sobriété énergétique : un double enjeu climatique et énergétique auquel doit répondre le plan sobriété</u>

Définie comme l'ensemble des pratiques qui nous permettent de consommer moins d'énergie tout en préservant l'accès aux | .2./.12.

services essentiels pour tous, par l'intermédiaire d'actions individuelles et collectives, la sobriété doit permettre la réduction des consommations d'énergie de 10% en deux ans, à court terme, garantir notre sécurité d'approvisionnement dans le contexte de guerre en Ukraine et de tensions sur les marchés de l'énergie (indépendance / souveraineté énergétique) et, à plus long terme, sortir la France des énergies fossiles d'ici 2050. A cet égard, des objectifs chiffrés ont été fixés : les consommations énergétiques de l'État étant estimées à 20 TWh en intégrant les opérateurs, c'est près de 2 TWh qui devront être économisés d'ici 2024 (équivalent de la consommation annuelle d'une ville de 300 000 habitants) et ainsi permettre la réduction de 500 000 tonnes de CO2/an des émissions annuelles de gaz à effet de serre. Ces indicateurs démontrent la volonté d'exemplarité environnementale des services de l'État. La priorité est donc la mobilisation des acteurs qui ont les moyens d'agir comme l'État et ses administrations afin d'aboutir in fine à un changement de culture sur le long terme.

B) Le plan de sobriété énergétique : 20 mesures obligatoires à déployer rapidement

Le plan de sobriété énergétique est composé de vingt mesures obligatoires pour tous les ministères, préfectures et opérateurs. Celles-ci visent à la fois en la réduction des consommations d'énergie mais également en l'accompagnement des agents publics. Dans le cadre d'un dialogue social de proximité, permettant d'adapter les actions aux circonstances particulières de chaque service, il est requis d'agir dans les domaines suivants.

D'abord, il s'agit de réduire drastiquement les consommations issues des bâtiments, notamment en veillant au respect des consignes de températures (19°C pour les pièces occupées), au rattachement à des outils de suivi des fluides comme OSF mais également en soutenant l'action des conseillers d'énergie, en réalisant la stratégie énergétique des bâtiments en consultation / de manière coordonnée avec les SPSI. 3./12.

et SPiR, ainsi que par exemple en identifiant des projets d'installation d'équipement photovoltaïque.

Les mobilités sont en outre au cœur de la sortie des énergies fossiles avec la mise en place de forfaits mobilités durables d'un montant de 300€, la limitation des véhicules pour les trajets professionnels, l'installation de stationnement vélo par les agents, le développement de logiciels comme ODrive qui incite au covoiturage, et l'incitation au télétravail.

C'est également par le levier du numérique qu'il s'agit de penser à la réduction des consommations comme en sensibilisant les agents à éteindre les ordinateurs la nuit et en améliorant l'efficacité énergétique des centres de données. Agir par la commande public est un autre moyen d'action par le biais de l'intégration de dispositions relatives à la performance énergétique, par exemple.

Enfin, la sensibilisation et la mobilisation passe avant tout par le déploiement de bons écogestes de la part des agents.

Ce plan est également accompagné de moyens mis à dispositions pour aider à sa mise en œuvre : groupe ministériel, réseau de coordinateurs énergie renforcé, task force opérationnelle, financements complémentaires (Direction des infrastructures et transports « Direction immobilier par financer des travaux de rénovation).

* *

II / Des modalités d'élaboration de plan d'action de sobriété dans les services déconcentrés

Des modalités opérationnelles et de fond doivent être pensées.

A) Des modalités opérationnelles/pratiques du plan d'action

Il serait intéressant de mettre en place une gouvernance territorialisée avec la ~~~~ création d'une équipe de projet 4.1.12

et de suivi au sein de chaque service déconcentré. Celle-ci sera en charge du plan d'action de sobriété en étant en étroite collaboration avec la gouvernance nationale constituée des SPE (Services publics écoresponsables) et du comité de suivi interministériel (ministère de la transition énergétique et de la transition écologique et de la cohésion des territoires et de la transformation et fonctions publiques).
Elle serait constituée de différents chefs de service concernés par les différents items de fonctionnement.
Après avoir établi un diagnostic de l'établissement/service déconcentré, servant à objectiver les besoins et actions à mener, il s'agira d'élaborer un plan d'action adapté à chaque structure. Ce plan d'action devra faire l'objet d'une campagne de communication interne importante. L'objectif est d'informer et de sensibiliser les agents qui sont les acteurs moteurs de ce plan sobriété des services déconcentrés de l'État.
A cet égard, il peut être pensé à l'organisation d'une réunion de l'ensemble des agents, à l'envoi d'un courriel informatif, à la création d'une rubrique dédiée sur l'intranet qui comporte une FAQ/des témoignages pour un échange effectif des bonnes pratiques.
Enfin, ce plan d'action doit être inscrit dans une logique d'évaluation régulière puisqu'il doit prendre en compte le dispositif de reporting mis en place dans le cadre des SPE.

5/12

B) Les modalités de fond à mettre en place

1) Pour l'immobilier.

Il est indispensable de régler et d'adapter la température du chauffage des bâtiments (19°C pour les pièces occupées). Des polaires peuvent éventuellement être fournies en substitution. Retarder l'ouverture de la saison de chauffe est à prévoir. Il s'agit également de réduire les dépenses d'eau chaude en installant par exemple des réducteurs de débit sur les robinets.
L'utilisation de certains outils comme OSFI est à systématiser. Il faut réfléchir de manière coordonnée à l'articulation des différents schémas préexistants (SDIR).
Des projets d'installation d'équipement photovoltaïques peut être pensée. Cette réflexion doit être co-construite avec les différents techniques.

2) Pour les mobilités

Il faut que les services techniques et de RH se saisissent de la réduction de la vitesse par les trajets professionnels et la formation à l'éco-conduite ainsi qu'au déploiement du forfait mobilité durable rehaussé à 300€.
Les services chargés de la logistique doivent se plier l'obligation d'installation de stationnement vélo.
Le service RH doit être mobilisé par encourager le recours au télétravail, et doit veiller au respect de l'obligation de report de l'avion vers le train par trajets ferroviaires inférieurs à 4h.
Le service communication peut réfléchir au support de communication par les solutions de covoiturage.

..6/12

3) Pour le numérique

Le service technique peut, avec l'appui du service communication, participer à une campagne de sensibilisation sur l'usage éco-responsable des outils informatiques (éteindre écrans). Les ingénieurs techniques seront mobilisés sur l'efficacité énergétique des centres de données.

4) Par la commande publique

Le service juridique / marché public doit appliquer la systématisation dans la commande publique de l'intégration de dispositions relatives à la performance énergétique des produits consommateurs d'énergie et relatives à la livraison des marchandises, ainsi qu'à la définition des clauses d'exécution demandant l'établissement de plan de progrès avec obligation d'engagement de réduction des émissions et consommation

☆ ☆
☆

Je reste à votre entière disposition pour tout renseignement complémentaire.

Signature

F. 112

Annexe 1 : Rétroplanning des grandes étapes à valider avant la tenue de la réunion

Tâches	S8	S7	S6	S5	S4	S3	S2	S1	J	Responsables
Fixer la date de la réunion	X									Service communication/chef bureau
Réserver la salle (préfecture)	X									Service technique
Vérifier noms de la salle				X						Service technique
Identifier les participants	X									service communication
Réfléchir support de communication		X								service communication
Envoyer les invitations		X								service communication
Suivre invitation					X		X			chef bureau/communication
Organiser temps/traiteur préparation					X					chef bureau - préfet
Penser la signalétique						X				service technique
Organiser/prévoir collation								X		service marché public/logistique
Accueil									X	Service communication/chef bureau

.8.1/12.

Annexe 2 : Cartographie des acteurs

Services institutionnels → Réseau-appui

- **International**
  - GIEC
- **National**
  - Comité de suivi
    - → Ministère transition énergétique
    - → Ministère transition écologique
    - → Ministère cohésion territoire
    - → Ministère transformation et fonction publique
  - SPE et correspondants
- **Local**
  - Préfecture
  - ADEME
  - Rectorat/DGRI
  - AGILE
  - DREAL
  - DGITM

Services non institutionnels
- Syndicats
- Réseaux sociaux
- Médias
- Bureau d'études
- Consultants

appui / co-construction

Services Déconcentrés
↳ AGENT
⇒ Application

* Devoir d'entraînement à l'épreuve du cas pratique à partir d'un dossier administratif.

Durée 4 h.

Sujet :

Vous êtes le secrétaire général d'une Sous-préfecture.

Ce département présente la particularité d'être un haut lieu de la prostitution nationale en raison de nombreuses villes situées à proximité des grands axes routiers ainsi que sa géographie champêtre en périphérie d'établissements de nuits attirant de nombreux clients. C'est particulièrement le cas du secteur de la Sous-préfecture de X-Ville.

Les riverains vous font part de leur inquiétude face aux nuisances occasionnées par ces activités, souvent nocturnes. De nombreux maires remontent au Sous-préfet leur incompréhension sur la poursuite de ce phénomène en dépit des récentes modifications législatives sur le sujet, ils craignent pour l'image de leur commune et l'attrait du territoire, notamment d'un point de vue économique.

Le Sous-préfet convoque une réunion sur le sujet. Il souhaite pouvoir annoncer un plan d'action concret aux nombreux élus qui seront présents dans la salle. La presse est conviée à l'issue.

Il vous sollicite pour :

- d'une part, rédiger un plan d'action sur le contexte actuel, ses limites et axes de résolution

- d'autre part, une note d'ambiance au timbre du préfet qu'il transmettra à M. le Ministre de l'Intérieur sur la perception de l'opinion publique et des élus du phénomène prostitutionnel sur le département. Ce sera votre annexe

Il vous précise que toutes vos préconisations en termes de prévention, réalistes et concrètes, seront particulièrement appréciées.

DOCUMENTS JOINTS

1) Loi du 13 avril 2016 visant à renforcer la lutte contre le système prostitutionnel et à accompagner les personnes prostituées

2) Circulaire du 18 avril 2016 de présentation des dispositions de droit pénal et de procédure pénale de la loi du 13 avril 2016

3) Article de l'Express du 5 avril 2017 « Prostitution : la pénalisation des clients va-t-elle être coûteuse et inutile ? »

4) Article de Libération du 3 avril 2017, « La pénalisation des clients nuit aux travailleurs du sexe »

5) Communiqué de presse du Préfet de la Région Île-de-France du 17 novembre 2017

6) Article du Figaro du 6 avril 2017, « Loi sur la prostitution : un bilan mitigé

7) Article L'Express du 5 avril 2017, « Prostitution : un an après, quel bilan pour la loi ? »

8) Principales dispositions de lutte contre la prostitution

9) Extraits du rapport annuel 2016 du Mouvement du NID France

10) Instruction ministérielle du 13 avril 2022 relative à l'ouverture des droits dans le cadre du parcours de sortie de la prostitution et d'insertion sociale et professionnelle

11) Tableau statistique département

12) Courrier signé par de nombreux élus en date du 5 novembre 2022

Chapitre 3

En savoir plus sur ce texte...

JORF n°0088 du 14 avril 2016
texte n° 1

LOI n° 2016-444 du 13 avril 2016 visant à renforcer la lutte contre le système prostitutionnel et à accompagner les personnes prostituées (1)

NOR: FDFX1331971L
ELI: https://www.legifrance.gouv.fr/eli/loi/2016/4/13/FDFX1331971L/jo/texte
Alias: https://www.legifrance.gouv.fr/eli/loi/2016/4/13/2016-444/jo/texte

L'Assemblée nationale et le Sénat ont délibéré,
L'Assemblée nationale a adopté,
Le Président de la République promulgue la loi dont la teneur suit :

- **Chapitre Ier : Renforcement des moyens de lutte contre le proxénétisme et la traite des êtres humains aux fins d'exploitation sexuelle**

Article 1

Au troisième alinéa du 7 du I de l'article 6 de la loi n° 2004-575 du 21 juin 2004 pour la confiance dans l'économie numérique, après le mot : « articles », sont insérées les références : « 225-4-1, 225-5, 225-6, ».

Article 2

Au premier alinéa de l'article L. 451-1 du code de l'action sociale et des familles, après le mot : « inadaptations », sont insérés les mots : « , dans la prévention de la prostitution et l'identification des situations de prostitution, de proxénétisme et de traite des êtres humains ».

Article 3

Le titre XVII du livre IV du code de procédure pénale est complété par un article 706-40-1 ainsi rédigé :

« Art. 706-40-1.-Les personnes victimes de l'une des infractions prévues aux articles 225-4-1 à 225-4-6 et 225-5 à 225-10 du code pénal, ayant contribué par leur témoignage à la manifestation de la vérité et dont la vie ou l'intégrité physique est gravement mise en danger sur le territoire national, peuvent faire l'objet en tant que de besoin de la protection destinée à assurer leur sécurité prévue à l'article 706-63-1 du présent code.
« Le premier alinéa du présent article est également applicable aux membres de la famille et aux proches des personnes ainsi protégées.
« Lorsqu'il est fait application à ces personnes des dispositions de l'article 706-57 relatives à la déclaration de domicile, elles peuvent également déclarer comme domicile l'adresse de leur avocat ou d'une association mentionnée à l'article 2-22.
« Sans préjudice du présent article, l'article 62 est applicable aux personnes mentionnées au premier alinéa du présent article. »

Article 4

Au 1° de l'article L. 8112-2 du code du travail, après les mots : « 222-33-2 du même code », sont insérés les mots : « , l'infraction de traite des êtres humains prévue à l'article 225-4-1 dudit code ».

- **Chapitre II : Protection des victimes de la prostitution et création d'un parcours de sortie de la prostitution et d'insertion sociale et professionnelle**

Section 1 : Dispositions relatives à l'accompagnement des victimes de la prostitution

Article 5

I.-Le code de l'action sociale et des familles est ainsi modifié :
1° L'article L. 121-9 est ainsi rédigé :
« Art. L. 121-9.-I.-Dans chaque département, l'Etat assure la protection des personnes victimes de la prostitution, du proxénétisme ou de la traite des êtres humains et leur fournit l'assistance dont elles ont besoin, notamment en leur procurant un placement dans un des établissements mentionnés à l'article L. 345-1.
« Une instance chargée d'organiser et de coordonner l'action en faveur des victimes de la prostitution, du proxénétisme et de la traite des êtres humains est créée dans chaque département. Elle met en œuvre le présent article. Elle est présidée par le représentant de l'Etat dans le département. Elle est composée de représentants de l'Etat, notamment des services de police et de gendarmerie, de représentants des collectivités territoriales, d'un magistrat, de professionnels de santé et de représentants d'associations.
« II.-Un parcours de sortie de la prostitution et d'insertion sociale et professionnelle est proposé à toute personne victime de la prostitution, du proxénétisme ou de la traite des êtres humains aux fins d'exploitation sexuelle. Il est défini en fonction de l'évaluation de ses besoins sanitaires, professionnels et sociaux, afin de lui permettre d'accéder à des alternatives à la prostitution. Il est élaboré et mis en œuvre, en accord avec la personne accompagnée, par une association mentionnée à l'avant-dernier alinéa du présent II.
« L'engagement de la personne dans le parcours de sortie de la prostitution et d'insertion sociale et professionnelle est autorisé par le représentant de l'Etat dans le département, après avis de l'instance mentionnée au second alinéa du I et de l'association mentionnée au premier alinéa du présent II.
« La personne engagée dans le parcours de sortie de la prostitution et d'insertion sociale et professionnelle peut se voir délivrer l'autorisation provisoire de séjour mentionnée à l'article L. 316-1-1 du code de l'entrée et du séjour des étrangers et du droit d'asile. Elle est présumée satisfaire aux conditions de gêne ou d'indigence prévues au 1° de l'article L. 247 du livre des procédures fiscales. Lorsqu'elle ne peut prétendre au bénéfice des allocations prévues aux articles L. 262-2 du présent code, L. 744-9 du code de l'entrée et du séjour des étrangers et du droit d'asile et L. 5423-8 du code du travail, une aide financière à l'insertion sociale et professionnelle lui est versée.
« L'aide mentionnée au troisième alinéa du présent II est à la charge de l'Etat. Elle est financée par les crédits du fonds pour la prévention de la prostitution et l'accompagnement social et professionnel des personnes prostituées institué à l'article 7 de la loi n° 2016-444 du 13 avril 2016 visant à renforcer la lutte contre le système prostitutionnel et à accompagner les personnes prostituées. Le montant de l'aide et l'organisme qui la verse pour le compte de l'Etat sont déterminés par décret. Le bénéfice de cette aide est accordé par décision du représentant de l'Etat dans le département après avis de l'instance mentionnée au second alinéa du I. Il est procédé au réexamen de ce droit dès lors que des éléments nouveaux modifient la situation du bénéficiaire. L'aide est incessible et insaisissable.
« L'instance mentionnée au second alinéa du I du présent article assure le suivi du parcours de sortie de la prostitution et d'insertion sociale et professionnelle. Elle veille à ce que la sécurité de la personne accompagnée et l'accès aux droits mentionnés au troisième alinéa du présent II soient garantis. Elle s'assure du respect de ses engagements par la personne accompagnée.
« Le renouvellement du parcours de sortie de la prostitution et d'insertion sociale et professionnelle est autorisé par le représentant de l'Etat dans le département, après avis de l'instance mentionnée au second alinéa du I et de l'association mentionnée au premier alinéa du présent II. La décision de renouvellement tient compte du respect de ses engagements par la personne accompagnée, ainsi que des difficultés rencontrées.
« Toute association choisie par la personne concernée qui aide et accompagne les personnes en difficulté, en particulier les personnes prostituées, peut participer à l'élaboration et à la mise en œuvre du parcours de sortie de la prostitution et d'insertion sociale et professionnelle, dès lors qu'elle remplit les conditions d'agrément fixées par décret en Conseil d'Etat.
« Les conditions d'application du présent article sont déterminées par le décret mentionné à l'avant-dernier alinéa du présent II. » ;
2° L'article L. 121-10 est abrogé.
II.-La loi n° 2003-239 du 18 mars 2003 pour la sécurité intérieure est ainsi modifiée :
1° L'article 42 est abrogé ;
2° A la première phrase de l'article 121, la référence : « 42 » est remplacée par la référence : « 41 ».

Article 6

I. - L'article L. 441-1 du code de la construction et de l'habitation est ainsi modifié :
1° Après le e, sont insérés des f et g ainsi rédigés :
« f) De personnes engagées dans le parcours de sortie de la prostitution et d'insertion sociale et professionnelle prévu à l'article L. 121-9 du code de l'action sociale et des familles ;
« g) De personnes victimes de l'une des infractions de traite des êtres humains ou de proxénétisme prévues aux articles 225-4-1 à 225-4-6 et 225-5 à 225-10 du code pénal. » ;
2° A la première phrase de l'avant-dernier alinéa, les mots : « dixième à douzième » sont remplacés

par les mots : « douzième à quatorzième » et le mot : « treizième » est remplacé par le mot : « quinzième ».
II. - Au troisième alinéa de l'article L. 441-2 du même code, le mot : « septième » est remplacé par le mot : « dixième ».
III. - A la première phrase du premier alinéa du II de l'article 4 de la loi n° 90-449 du 31 mai 1990 visant à la mise en œuvre du droit au logement, les références : « aux a à e » sont remplacées par les références : « aux a à g ».

Article 7

I. - Il est créé, au sein du budget de l'Etat, un fonds pour la prévention de la prostitution et l'accompagnement social et professionnel des personnes prostituées. Ce fonds contribue aux actions définies à l'article L. 121-9 du code de l'action sociale et des familles. Il soutient toute initiative visant à la sensibilisation des populations aux effets de la prostitution sur la santé et à la réduction des risques sanitaires, à la prévention de l'entrée dans la prostitution et à l'insertion des personnes prostituées.
II. - Les ressources du fonds sont constituées par :
1° Des crédits de l'Etat affectés à ces actions et dont le montant est fixé par la loi de finances de l'année ;
2° Les recettes provenant de la confiscation des biens et produits prévue au 1° de l'article 225-24 du code pénal.
III. - L'article 225-24 du code pénal est ainsi modifié :
1° Au premier alinéa, après le mot : « articles », sont insérés les mots : « 225-4-1 à 225-4-9 et » ;
2° Au 1°, après les mots : « la personne », sont insérés les mots : « victime de la traite des êtres humains ou ».

Article 8

Le code de l'entrée et du séjour des étrangers et du droit d'asile est ainsi modifié :
1° A la première phrase du premier alinéa de l'article L. 316-1, les mots : « peut être » sont remplacés par le mot : « est » ;
2° Après l'article L. 316-1, il est inséré un article L. 316-1-1 ainsi rédigé :

« Art. L. 316-1-1. - Une autorisation provisoire de séjour d'une durée minimale de six mois peut être délivrée, sauf si sa présence constitue une menace pour l'ordre public, à l'étranger victime des infractions prévues aux articles 225-4-1 à 225-4-6 et 225-5 à 225-10 du code pénal qui, ayant cessé l'activité de prostitution, est engagé dans le parcours de sortie de la prostitution et d'insertion sociale et professionnelle mentionné à l'article L. 121-9 du code de l'action sociale et des familles. La condition prévue à l'article L. 313-2 du présent code n'est pas exigée. Cette autorisation provisoire de séjour ouvre droit à l'exercice d'une activité professionnelle. Elle est renouvelée pendant toute la durée du parcours de sortie de la prostitution et d'insertion sociale et professionnelle, sous réserve que les conditions prévues pour sa délivrance continuent d'être satisfaites. » ;
3° L'article L. 316-2 est ainsi modifié :
a) A la fin de la première phrase, la référence : « de l'article L. 316-1 » est remplacée par les références : « des articles L. 316-1 et L. 316-1-1 » ;
b) Après la référence : « L. 316-1 », la fin de la seconde phrase est ainsi rédigée : « et de l'autorisation provisoire de séjour mentionnée à l'article L. 316-1-1 ainsi que les modalités de protection, d'accueil et d'hébergement de l'étranger auquel cette carte ou cette autorisation provisoire de séjour est accordée. »

Article 9

I. - Le code de la sécurité sociale est ainsi modifié :
1° A la première phrase du second alinéa du VII de l'article L. 542-2 et à la première phrase du second alinéa de l'article L. 831-4-1, après le mot : « défavorisées », sont insérés les mots : « ou par une association agréée en application de l'article L. 121-9 du code de l'action sociale et des familles » et, après la référence : « L. 851-1 », sont insérés les mots : « du présent code » ;
2° A la première phrase du premier alinéa du I de l'article L. 851-1, après la première occurrence du mot : « défavorisées », sont insérés les mots : « , les associations agréées en application de l'article L. 121-9 du code de l'action sociale et des familles ».
II. - Au 3° de l'article L. 345-2-6 et au premier alinéa de l'article L. 345-2-7 du code de l'action sociale et des familles, après le mot : « défavorisées », sont insérés les mots : « et les associations agréées en application de l'article L. 121-9 du présent code ».
III. - A la deuxième phrase du second alinéa du III de l'article L. 351-3-1 du code de la construction et de l'habitation, après le mot : « défavorisées », sont insérés les mots : « ou par une association agréée en application de l'article L. 121-9 du code de l'action sociale et des familles ».

Article 10

A l'avant-dernier alinéa de l'article L. 345-1 du code de l'action sociale et des familles, après le mot : « humains », sont insérés les mots : « , du proxénétisme et de la prostitution ».

Article 11

Le code pénal est ainsi modifié :
1° Après le 5° ter des articles 222-3, 222-8, 222-10, 222-12 et 222-13, il est inséré un 5° quater ainsi

rédigé :
« 5° quater Sur une personne qui se livre à la prostitution, y compris de façon occasionnelle, si les faits sont commis dans l'exercice de cette activité ; »
2° L'article 222-24 est complété par un 13° ainsi rédigé :
« 13° Lorsqu'il est commis, dans l'exercice de cette activité, sur une personne qui se livre à la prostitution, y compris de façon occasionnelle. » ;
3° L'article 222-28 est complété par un 9° ainsi rédigé :
« 9° Lorsqu'elle est commise, dans l'exercice de cette activité, sur une personne qui se livre à la prostitution, y compris de façon occasionnelle. »

Article 12

Au dernier alinéa du 2° de l'article 706-3 du code de procédure pénale, après la référence : « 225-4-5 », sont insérées les références : « , 225-5 à 225-10 ».

Article 13

I.-L'article 2-22 du code de procédure pénale est ainsi rédigé :

« Art. 2-22.-Toute association régulièrement déclarée depuis au moins cinq ans à la date des faits dont l'objet statutaire comporte la lutte contre l'esclavage, la traite des êtres humains, le proxénétisme ou l'action sociale en faveur des personnes prostituées peut exercer les droits reconnus à la partie civile en ce qui concerne les infractions réprimées par les articles 224-1 A à 224-1 C, 225-4-1 à 225-4-9,225-5 à 225-12-2,225-14-1 et 225-14-2 du code pénal, lorsque l'action publique a été mise en mouvement par le ministère public ou la partie lésée. Toutefois, l'association n'est recevable dans son action que si elle justifie avoir reçu l'accord de la victime. Si celle-ci est un mineur ou un majeur protégé, l'accord est donné par son représentant légal.
« Si l'association mentionnée au premier alinéa du présent article est reconnue d'utilité publique, son action est recevable y compris sans l'accord de la victime.»
II.-La loi n° 75-229 du 9 avril 1975 habilitant les associations constituées pour la lutte contre le proxénétisme à exercer l'action civile est abrogée.

Article 14

Au troisième alinéa de l'article 306 du code de procédure pénale, après le mot : « sexuelles, », sont insérés les mots : « de traite des êtres humains ou de proxénétisme aggravé, réprimé par les articles 225-7 à 225-9 du code pénal,».

- ## Section 2 : Dispositions portant transposition de l'article 8 de la directive 2011/36/UE du Parlement européen et du Conseil du 5 avril 2011 concernant la prévention de la traite des êtres humains et la lutte contre ce phénomène ainsi que la protection des victimes et remplaçant la décision-cadre 2002/629/JAI du Conseil

Article 15

L'article 225-10-1 du code pénal est abrogé.

Article 16

I. - Le code pénal est ainsi modifié :
1° A la première phrase du 2° du I de l'article 225-20, la référence : « 225-10-1, » est supprimée ;
2° A l'article 225-25, les mots : « , à l'exception de celle prévue par l'article 225-10-1, » sont supprimés.
II. - Au 5° de l'article 398-1 et au 4° du I de l'article 837 du code de procédure pénale, la référence : « 225-10-1, » est supprimée.

- ## Chapitre III : Prévention et accompagnement vers les soins des personnes prostituées pour une prise en charge globale

Article 17

Le livre Ier de la première partie du code de la santé publique est complété par un titre VIII ainsi rédigé :

« Titre VIII
« RÉDUCTION DES RISQUES RELATIFS À LA PROSTITUTION

« Art. L. 1181-1.-La politique de réduction des risques en direction des personnes prostituées consiste à

prévenir les infections sexuellement transmissibles ainsi que les autres risques sanitaires, les risques sociaux et psychologiques liés à la prostitution.
« Les actions de réduction des risques sont conduites selon des orientations définies par un document national de référence approuvé par décret. »

- **Chapitre IV : Prévention des pratiques prostitutionnelles et du recours à la prostitution**

Article 18

Après l'article L. 312-17-1 du code de l'éducation, il est inséré un article L. 312-17-1-1 ainsi rédigé :

« Art. L. 312-17-1-1.-Une information sur les réalités de la prostitution et les dangers de la marchandisation du corps est dispensée dans les établissements secondaires, par groupes d'âge homogène. La seconde phrase de l'article L. 312-17-1 du présent code est applicable.»

Article 19

Le premier alinéa de l'article L. 312-16 du code de l'éducation est ainsi modifié :
1° Après la première phrase, sont insérées deux phrases ainsi rédigées :
« Ces séances présentent une vision égalitaire des relations entre les femmes et les hommes. Elles contribuent à l'apprentissage du respect dû au corps humain. » ;
2° Au début de la deuxième phrase, les mots : « Ces séances pourront » sont remplacés par les mots : « Elles peuvent » ;
3° A la dernière phrase, le mot : « pourront » est remplacé par le mot : « peuvent ».

- **Chapitre V : Interdiction de l'achat d'un acte sexuel**

Article 20

I.-Au livre VI du code pénal, il est inséré un titre unique ainsi rédigé :

« Titre UNIQUE
« DU RECOURS À LA PROSTITUTION

« Art. 611-1.-Le fait de solliciter, d'accepter ou d'obtenir des relations de nature sexuelle d'une personne qui se livre à la prostitution, y compris de façon occasionnelle, en échange d'une rémunération, d'une promesse de rémunération, de la fourniture d'un avantage en nature ou de la promesse d'un tel avantage est puni de l'amende prévue pour les contraventions de la cinquième classe.
« Les personnes physiques coupables de la contravention prévue au présent article encourent également une ou plusieurs des peines complémentaires mentionnées à l'article 131-16 et au second alinéa de l'article 131-17. »

II.-La section 2° bis du chapitre V du titre II du livre II du même code est ainsi modifiée :
1° Après le mot : « prostitution », la fin de l'intitulé est supprimée ;
2° L'article 225-12-1 est ainsi rédigé :

« Art. 225-12-1.-Lorsqu'il est commis en récidive dans les conditions prévues au second alinéa de l'article 132-11, le fait de solliciter, d'accepter ou d'obtenir des relations de nature sexuelle d'une personne qui se livre à la prostitution, y compris de façon occasionnelle, en échange d'une rémunération, d'une promesse de rémunération, de la fourniture d'un avantage en nature ou de la promesse d'un tel avantage est puni de 3 750 € d'amende.
« Est puni de trois ans d'emprisonnement et de 45 000 € d'amende le fait de solliciter, d'accepter ou d'obtenir, en échange d'une rémunération, d'une promesse de rémunération, de la fourniture d'un avantage en nature ou de la promesse d'un tel avantage, des relations de nature sexuelle de la part d'une personne qui se livre à la prostitution, y compris de façon occasionnelle, lorsque cette personne est mineure ou présente une particulière vulnérabilité, apparente ou connue de son auteur, due à une maladie, à une infirmité, à un handicap ou à un état de grossesse. »

3° Aux premier et dernier alinéas de l'article 225-12-2, après le mot : « peines », sont insérés les mots : « prévues au second alinéa de l'article 225-12-1 » ;
4° A l'article 225-12-3, la référence : « par les articles 225-12-1 et » est remplacée par les mots : « au second alinéa de l'article 225-12-1 et à l'article ».
III.-A la troisième phrase du sixième alinéa de l'article L. 421-3 du code de l'action sociale et des familles, la référence : « 225-12-1 » est remplacée par les références : « au second alinéa de l'article 225-12-1 et aux articles 225-12-2 ».

Article 21

I. - Le code pénal est ainsi modifié :
1° Après le 9° de l'article 131-16, il est inséré un 9° bis ainsi rédigé :
« 9° bis L'obligation d'accomplir, le cas échéant à ses frais, un stage de sensibilisation à la lutte contre l'achat d'actes sexuels ; »
2° Au premier alinéa de l'article 131-35-1, après le mot : « stupéfiants », sont insérés les mots : « , un stage de sensibilisation à la lutte contre l'achat d'actes sexuels » ;
3° Le I de l'article 225-20 est complété par un 9° ainsi rédigé :
« 9° L'obligation d'accomplir, le cas échéant à ses frais, un stage de sensibilisation à la lutte contre l'achat d'actes sexuels, selon les modalités fixées à l'article 131-35-1. »
II. - Le code de procédure pénale est ainsi modifié :
1° Au 2° de l'article 41-1, après le mot : « parentale », sont insérés les mots : « , d'un stage de sensibilisation à la lutte contre l'achat d'actes sexuels » ;
2° Après le 17° de l'article 41-2, il est inséré un 17° bis ainsi rédigé :
« 17° bis Accomplir, le cas échéant à ses frais, un stage de sensibilisation à la lutte contre l'achat d'actes sexuels ; ».

- Chapitre VI : Dispositions finales

Article 22

Le Gouvernement remet au Parlement un rapport sur l'application de la présente loi deux ans après sa promulgation. Ce rapport dresse le bilan :
1° De la lutte contre la traite des êtres humains et le proxénétisme et des actions de coopération européenne et internationale engagées par la France dans ce domaine ;
2° De la création de l'infraction de recours à l'achat d'actes sexuels prévue au premier alinéa des articles 225-12-1 et 611-1 du code pénal ;
3° De la mise en œuvre de l'article L. 121-9 du code de l'action sociale et des familles ;
4° Du dispositif d'information prévu à l'article L. 312-17-1-1 du code de l'éducation ;
5° Du dispositif de protection prévu à l'article 706-40-1 du code de procédure pénale.
Il présente l'évolution :
a) De la prostitution, notamment sur internet et dans les zones transfrontalières ;
b) De la situation sanitaire et sociale des personnes prostituées ;
c) De la situation, du repérage et de la prise en charge des mineurs victimes de la prostitution ;
d) De la situation, du repérage et de la prise en charge des étudiants se livrant à la prostitution ;
e) Du nombre de condamnations pour proxénétisme et pour traite des êtres humains.

Article 23

La présente loi est applicable à Wallis-et-Futuna, en Polynésie française et en Nouvelle-Calédonie.
La présente loi sera exécutée comme loi de l'Etat.

Fait à Paris, le 13 avril 2016.

François Hollande

Par le Président de la République :

Le Premier ministre,

Manuel Valls

La ministre de l'éducation nationale, de l'enseignement supérieur et de la recherche,

Najat Vallaud-Belkacem

Le ministre des finances et des comptes publics,

Michel Sapin

La ministre des affaires sociales et de la santé,

Marisol Touraine

Le garde des sceaux, ministre de la justice,

Chapitre 3

BULLETIN OFFICIEL DU MINISTÈRE DE LA JUSTICE

**Circulaire du 18 avril 2016 de présentation des dispositions de droit pénal
et de procédure pénale de la loi n°2016-444 du 13 avril 2016 visant à renforcer
la lutte contre le système prostitutionnel et à accompagner les personnes prostituées**

NOR : JUSD1610555C

Le garde des sceaux, ministre de la justice,

à

Pour attribution

*Mesdames et messieurs les procureurs généraux près les cours d'appel
et le procureur de la République près le tribunal supérieur d'appel
Mesdames et messieurs les procureurs de la République*

Pour information

*Mesdames et messieurs les premiers présidents des cours d'appel
et le président du tribunal supérieur d'appel
Mesdames et messieurs les présidents des tribunaux de grande instance
Monsieur le membre national d'Eurojust pour la France*

Date d'application : immédiate

Annexes : 2

La loi du 13 avril 2016 visant à renforcer la lutte contre le système prostitutionnel et à accompagner les personnes prostituées, issue d'une proposition de loi de l'Assemblée nationale, a été publiée au *Journal Officiel* du 14 avril 2016.

Cette loi comporte des dispositions de droit pénal (1) et de procédure (2) que la présente circulaire a pour objet de présenter.

1 - Disposition de droit pénal

1.1. Abrogation du délit de racolage

Les articles 15 et 16 de la loi ont abrogé le délit de racolage auparavant prévu par l'article 225-10-1 du code pénal.

Ces faits ne constituent donc plus une infraction pénale.

Les procédures en cours doivent donc être classées sans suite, ou, si les poursuites avaient été engagées, donner lieu à des relaxes motivées par l'extinction de l'action publique.

Conformément au deuxième alinéa de l'article 112-4 du code pénal, les peines prononcées du chef de racolage, infraction unique ou unique infraction pour laquelle ces peines étaient encourues, ne doivent pas ou plus être exécutées et ne doivent notamment pas être adressées au casier judiciaire.[1].

Il conviendra de prendre l'attache du chef de l'établissement pénitentiaire de votre ressort aux fins de mise en liberté des personnes écrouées à ce titre, l'attache du directeur départemental de la sécurité publique et du commandant du groupement de gendarmerie afin qu'il soit fait retour au parquet des extraits diffusés, de la préfecture et de la direction des finances publiques le cas échéant.

---

1 Pour mémoire, ce délit était puni des peines principales d'amende et d'emprisonnement ainsi que des peines complémentaires suivantes : Interdiction des droits civils, civiques et de famille, Interdiction d'exercer une activité professionnelle en lien avec l'infraction, Interdiction de séjour, Interdiction d'exploiter les établissements ouverts au public spécifiés par le jugement, Interdiction de détention ou port d'arme, Interdiction de quitter le territoire, Interdiction d'exercer une activité professionnelle ou bénévole impliquant un contact habituel avec des mineurs, Stage de responsabilité parentale, Interdiction du territoire français

BULLETIN OFFICIEL DU MINISTÈRE DE LA JUSTICE

De même, il conviendra de faire cesser l'inscription des personnes condamnées au FPR.

Une attention particulière devra par ailleurs être apportée aux conséquences de cette loi quant à la révocation des sursis simples ou avec mise à l'épreuve :

- Une peine avec sursis prononcée en répression du délit de racolage, infraction unique ou unique infraction pour laquelle cette peine était encourue, ne peut plus faire l'objet d'une révocation ;
- Une peine prononcée en répression du délit de racolage, infraction unique ou unique infraction pour laquelle cette peine était encourue, ne peut pas justifier, à compter de l'entrée en vigueur de la loi, la révocation du sursis antérieurement accordés.

1.2. Aggravation des peines en cas de violences, de viols et d'agressions sexuelles contre les personnes prostituées

L'article 11 complète les articles 222-3, 222-8, 222-10, 222-12, 222-13, 222-24 et 222-28 réprimant les violences contre les personnes, les viols et les agressions sexuelles par des alinéas aggravant les peines encourues lors ces infractions sont commises sur une personne qui se livre à la prostitution, y compris de façon occasionnelle, si les faits sont commis dans l'exercice de cette activité

Ces dispositions plus sévères sont applicables aux faits commis à compter du 15 avril 2016.

Il appartiendra aux magistrats du ministère public de retenir cette circonstance aggravante à chaque fois qu'elle sera constituée.

1.3. Création de l'infraction d'achat d'acte sexuel

L'article 20 de la loi crée une nouvelle infraction de recours à la prostitution définie comme le fait de solliciter, d'accepter ou d'obtenir des relations de nature sexuelle d'une personne qui se livre à la prostitution, y compris de façon occasionnelle, en échange d'une rémunération, d'une promesse de rémunération, de la fourniture d'un avantage en nature ou de la promesse d'un tel avantage.

Ces faits constituent :

- une contravention de la cinquième classe réprimée par l'article 611-1 du code pénal.
- un délit puni de 3 750 € d'amende par le nouveau premier alinéa de l'article 225-12-1 du code pénal, lorsqu'ils sont commis en récidive dans les conditions prévues au second alinéa de l'article 132-11 de ce code.

Ces faits sont donc désormais sanctionnés quel que soit l'âge ou la situation de la personne prostituée, et non plus uniquement, comme précédemment, lorsque cette personne est mineure ou particulièrement vulnérable, cas dans lesquels les faits demeurent punis de trois ans d'emprisonnement par l'article 225-12-1 (désormais deuxième alinéa) du code pénal.

Cette infraction n'étant pas punie de peine d'emprisonnement, elle ne permet donc pas le placement en garde à vue de leur auteur, mais permet de procéder à des contrôles et des vérifications et des contrôles d'identité en application des articles 78-1 et suivants du code de procédure pénale.

La contravention, mais non le délit, pourra être poursuivie selon la procédure de l'ordonnance pénale. Le délit relève par ailleurs de la compétence du juge unique.

Les personnes physiques coupables de la contravention encourent également une ou plusieurs des peines complémentaires mentionnées à l'article 131-16 et au second alinéa de l'article 131-17, soit l'ensemble des peines complémentaires contraventionnelles, dont la nouvelle peine de stage (cf *infra*).

Il peut être observé que la définition même de l'achat d'acte sexuel a été légèrement élargie par rapport à celle qui figurait auparavant dans l'article 225-12-1. A la notion d'échange d'une rémunération ou d'une promesse de rémunération, seule prévue auparavant, a été ajoutée la notion de fourniture d'un avantage en nature ou de la promesse d'un tel avantage.

1.4. Création de la peine de stage de sensibilisation à la lutte contre l'achat d'actes sexuels

L'article 21 de la loi créé une nouvelle peine, consistant dans l'obligation d'accomplir, un stage de sensibilisation à la lutte contre l'achat d'actes sexuels.

Cette peine est prévue en matière contraventionnelle, (9° bis de l'article 131-16 du code pénal) et délictuelle (article 131-35-1 de code).

Ce stage est également prévu dans le code de procédure pénale comme alternative aux poursuites de l'article 41-1 et comme mesure de la composition pénale (17° bis de l'article 41-2).

Ces dispositions ne sont pas applicables immédiatement, car elles doivent être précisées par un décret d'application. Par ailleurs, la durée et le coût de ce stage, comme de toutes les peines de stage, seront fixés par une disposition générale de la loi renforçant la lutte contre le crime organisé, le terrorisme et leur financement, et améliorant l'efficacité et les garanties de la procédure pénale, qui est actuellement en discussion devant le parlement.

1.5. Peine de confiscation des biens ayant servi à la commission des infractions de traite des êtres humains

L'article 7 de la loi a modifié l'article 225-24 du code pénal afin que la peine complémentaire des biens ayant servi à commettre l'infraction ou qui en sont le produit, prévue en matière de proxénétisme, s'applique également aux infractions de traite des êtres humains.

Ce même article a en effet créé, au sein du budget de l'État, un fonds pour la prévention de la prostitution et l'accompagnement social et professionnel des personnes prostituées, dont les ressources seront notamment constituées par les recettes provenant de la confiscation des biens et produits prévue au 1° de l'article 225-24 du code pénal.

2 - Dispositions de procédure pénale

2.1. Constitution de partie civile des associations

L'article 13 a réécrit l'article 2-22 du code de procédure pénale.

Celui-ci dispose désormais que toute association régulièrement déclarée depuis au moins cinq ans à la date des faits dont l'objet statutaire comporte la lutte contre l'esclavage, la traite des êtres humains, le proxénétisme ou l'action sociale en faveur des personnes prostituées peut exercer les droits reconnus à la partie civile en ce qui concerne les infractions réprimées par les articles 224-1 A à 224-1 C, 225-4-1 à 225-4-9, 225-5 à 225-12-2, 225-14-1 et 225-14-2 du code pénal, lorsque l'action publique a été mise en mouvement par le ministère public ou la partie lésée.

Il est précisé que l'association n'est cependant recevable dans son action que si elle justifie avoir reçu l'accord de la victime. Si celle-ci est un mineur ou un majeur protégé, l'accord est donné par son représentant légal.

Le dernier alinéa de l'article précise toutefois que si l'association mentionnée au premier alinéa du présent article est reconnue d'utilité publique, son action est recevable y compris sans l'accord de la victime.

Le législateur a ainsi intégré dans l'article 2-22 les dispositions qui figuraient dans la loi n° 75-229 du 9 avril 1975 habilitant les associations constituées pour la lutte contre le proxénétisme à exercer l'action civile, loi qui a été abrogée par coordination.

2.2. Protection des victimes

L'article 3 de la loi a inséré dans le code de procédure pénale un article 706-40-1 prévoyant que les personnes victimes de l'une des infractions prévues aux articles 225-4-1 à 225-4-6 et 225-5 à 225-10 du code pénal, ayant contribué par leur témoignage à la manifestation de la vérité et dont la vie ou l'intégrité physique est gravement mise en danger sur le territoire national, peuvent faire l'objet en tant que de besoin de la protection destinée à assurer leur sécurité prévue à l'article 706-63-1 du code de procédure pénale, applicable aux « repentis ».

BULLETIN OFFICIEL DU MINISTÈRE DE LA JUSTICE

Il est précisé que ces dispositions sont également applicables aux membres de la famille et aux proches des personnes ainsi protégées.

Ces dispositions ne sont pour l'instant pas encore applicables, dans la mesure où elles nécessitent de procéder à des modifications dans le décret d'application de l'article 706-63-1 concernant les repentis.

L'article 706-40-1 précise par ailleurs que lorsqu'il est fait application à ces personnes des dispositions de l'article 706-57 relatives à la déclaration de domicile, elles peuvent également déclarer comme domicile l'adresse de leur avocat ou d'une association de lutte contre la prostitution mentionnée à l'article 2-22, précisions qui ne font que consacrer ce que permettait déjà le code de procédure pénale.

Il convient enfin de préciser que la protection accordée par ces dispositions aux personnes prostituées n'interdit nullement, comme l'indique expressément le dernier alinéa de l'article, de leur appliquer l'article 62 permettant la comparution forcée des témoins.

2.3. Huis clos devant les assises

L'article 14 de la loi a complété l'article 306 du code de procédure pénale afin d'étendre la possibilité de huis clos aux assises, de droit à la demande de la victime, aux cas de traite des êtres humains ou de proxénétisme aggravé, réprimé par les articles 225-7 à 225-9 du code pénal.

2.4. Indemnisation par les CIVI

L'article 12 de la loi a complété le 2° de l'article 706-3 du code de procédure pénale, afin d'étendre le droit de la victime, sans condition de ressources, à une indemnisation intégrale de son préjudice, aux infractions de proxénétisme prévu par les articles 225-5 à 225-10 du code pénal, comme c'était déjà le cas pour les infractions de traite des êtres humains.

***

Je vous saurais gré de bien vouloir veiller à la diffusion de la présente circulaire aux magistrats du siège et du parquet des juridictions de votre ressort et de m'informer des éventuelles difficultés susceptibles de résulter de sa mise en œuvre.

Pour le garde des sceaux, par délégation,
Le directeur des affaires criminelles et des grâces,

Robert GELLI

L'EXPRESS-05 avril 2017- Prostitution: la pénalisation des clients va-t-elle être coûteuse et inutile? DOCUMENT 03

L'Assemblée nationale a adopté ce mercredi le projet de loi qui pénalise les clients de prostituées. Une infraction difficile à prouver pour policiers et magistrats, qui doutent de la mise en application concrète de la loi.

Sanctionner les clients plutôt que les prostituées. Après deux ans et demi de vifs débats, l'Assemblée nationale a adopté ce mercredi la **proposition de loi renforçant la lutte contre la prostitution**. Concrètement, **est puni** "le fait de solliciter, d'accepter ou d'obtenir des relations de nature sexuelle d'une personne qui se livre à la prostitution, y compris de façon occasionnelle, en échange d'une rémunération, d'une promesse de rémunération, de la fourniture d'un avantage en nature ou de la promesse d'un tel avantage." Les clients risquent une amende de 1500 euros, et jusqu'à 3500 euros en cas de récidive.

Voilà pour la théorie. Mais dans les faits, comment cette loi va être appliquée et ces contraventions de cinquième classe dressées? Acteurs du monde judiciaire et policier, tous sont sceptiques sur ce point. "Cette loi ne changera pas grand chose, estime Nicolas Gardères, avocat du collectif '**Droits et prostitution**'. Ce sera extrêmement difficile à mettre en œuvre notamment pour avoir la preuve de la réalité de la transaction et de l'acte sexuel." Car c'est bien la rémunération de relations sexuelles qui est sanctionnée par la loi.

"Est-ce la priorité?"

"Pour constater l'infraction, il va falloir planquer, consacrer du temps de surveillance puis de procédure", complète Céline Berthon, secrétaire générale du Syndicat des commissaires de la police nationale. Dans un contexte sécuritaire post-**attentats** très exigeant en ce moment pour les policiers, est-ce la priorité? "Je n'en suis pas certaine. Or, comme lors de toute création d'incrimination, pour qu'elle ait du sens, il faut qu'elle soit sanctionnée."

Ce scepticisme côté policier n'est pas nouveau. En 2014 déjà, Yann Sourisseau, commissaire de police et chef de l'Office central pour la répression de la traite des êtres humains était **entendu au Sénat**. Prenant l'exemple de la **Suède, qui pénalise les clients de prostituées depuis 1999**, il expliquait: "Les Suédois procèdent simplement: ils rentrent dans les chambres d'hôtel. Mais un officier de police judiciaire est obligé de respecter les procédures et de quel droit pourrait-il préjuger les relations entre deux personnes qui sont dans un hôtel? Et comment pénétrer dans une chambre sans porter atteinte aux libertés individuelles, au respect de la vie privée?" Sa conclusion était assez claire: "Si on pénalisait les clients des prostituées, cette mesure serait pratiquement inapplicable."

De rares poursuites?
Avant d'arriver devant un juge, le chemin est long. La loi va permettre de poursuivre les clients. Mais est-ce que ça va être fait? "Cela va dépendre d'abord du choix du préfet de mettre de l'effectif policier pour rechercher ce type d'infraction. Après, les policiers peuvent se déployer sur le terrain pour empêcher les actes sans pour autant attraper les clients", détaille Marion Lagaillarde, secrétaire nationale du Syndicat de la magistrature, hostile à la loi.

Si l'infraction est déterminée par la police, elle va arriver alors sur le bureau du procureur de la République, là encore plusieurs possibilités s'offrent à lui. "Il peut décider de classer sans suite, de demander aux policiers de faire eux-mêmes le rappel à la loi ou enfin d'amener cette infraction devant le tribunal de police." Et la magistrate de citer les cas de clients ayant **recours à des prostituées mineures**, qui représente déjà un délit à l'heure actuelle: "Or, les poursuites sont extrêmement rares." De là à prédire le même sort à la loi PS, il n'y a qu'un pas.

"Aberration juridique"
Alors que même le garde des Sceaux, Jean-Jacques Urvoas, parlait dans le *JDD* ce week-end d'une **justice "sinistrée"** et "à bout de souffle", la question des moyens se pose par ailleurs. "Ces contraventions risquent d'être très contestées, ce qui signifie une audience au tribunal de police, des plaidoiries d'avocats, et un travail du greffier en amont", commente pour L'Express Véronique Léger de l'Union syndicale des magistrats. "Nous regrettons que cette nouvelle création d'une infraction pénale ne s'accompagne pas d'une étude d'impact. Les parlementaires ne se soucient pas de l'effectivité des lois qu'ils votent et de la charge de travail supplémentaire qui va être induite."

Des services de police et magistrats débordés face à une tâche compliquée et sans moyens supplémentaires: le constat est sans appel.

Reste un paradoxe pointé par maître Nicolas Gardères, auteur d'une tribune dans ***Le Figaro***:

"Les prostituées vont payer des impôts sur la base d'une infraction pénale." La suppression du délit de racolage rend en effet l'activité de prostitution "légale". Une "aberration juridique" contre laquelle il se bat pour que cette loi n'entre pas en vigueur. Pour cela, il faut que 60 parlementaires saisissent le Conseil constitutionnel.

LIBERATION, 03 avril 2017, « La pénalisation des clients nuit aux travailleurs du sexe ». DOCUMENT 04

En avril 2016, l'Assemblée nationale adoptait la proposition de loi «de lutte contre le système prostitutionnel» qui pénalise les clients. Le bilan un an après est loin d'être concluant.

Depuis l'adoption de la loi antiprostitution, il y a près d'un an, nos associations ne cessent de constater ses effets délétères. Précarisation, insécurité et impacts négatifs sur la santé sont désormais le lot quotidien des travailleurs du sexe.

Le premier effet néfaste est la baisse de revenus des travailleurs du sexe. Les tensions sur le terrain sont plus fortes, le stress s'est accru et le rapport de force s'est inversé en faveur des clients. Le prix des passes a diminué, obligeant ainsi à travailler plus longtemps et à «faire» plus de clients. Cette précarisation est, à tort, utilisée comme une preuve du succès de la loi par ses défenseurs qui parient sur son effet dissuasif. Or, les travailleurs du sexe n'ont pas changé de métier du jour au lendemain. Leur nombre n'a pas diminué et la répression n'a eu aucune efficacité contre la traite et l'exploitation.

L'importante augmentation du nombre d'agressions signalées constitue l'autre effet le plus significatif. Les clients sont moins nombreux, et parmi les personnes qui fréquentent les lieux de travail sexuel, certaines tentent de profiter du désarroi général en se faisant passer pour des clients. Les travailleurs du sexe sont poussés à prendre plus de risques en acceptant des hommes potentiellement dangereux, se rendant dans des endroits plus isolés, à l'abri du regard policier, et dans un contexte de stress plus propice aux agressions.

Enfin, concernant la santé, des témoignages fréquents de rapports sans préservatif nous sont rapportés.

La pénalisation crée des phénomènes de déplacements qui font perdre aux associations le contact avec des travailleurs du sexe de plus en plus mobiles. Certaines personnes ne sont plus correctement suivies tandis que d'autres interrompent leurs traitements médicaux et préventifs. Le travail de prévention, les services de dépistage, d'accès aux traitements et d'accompagnement sur le long terme sont plus difficiles à mettre en œuvre.

Le monde scientifique et de la lutte contre le sida a déjà documenté les conséquences négatives sur la santé. D'autres études évoquent la possibilité de réduire l'infection au VIH de 33 % à 46 % grâce à la décriminalisation du travail sexuel

L'étude la plus récente parue dans *The Lancet* le 24 janvier montre des disparités importantes de prévalence VIH entre pays européens selon qu'ils pénalisent ou non le travail sexuel. Tandis qu'en Corée du Sud, des chercheurs ont trouvé une corrélation entre la pénalisation des clients et une augmentation des infections sexuellement transmissibles (1), en Nouvelle-Galles du Sud (Australie), aucun cas de transmission VIH n'a été répertorié depuis que le travail sexuel y a été dépénalisé, en 1995.

Face à ces constats, nous interpellons les candidats à la présidentielle sur la nécessité de reconsidérer nos politiques publiques régissant le travail sexuel en s'appuyant sur les preuves scientifiques, ainsi que les recommandations de nombreuses institutions internationales et françaises sur le sujet, en respectant la santé et les droits humains des travailleurs du sexe. Nous exigeons l'arrêt de la pénalisation du travail sexuel entre adultes consentants et de ses clients. C'est pourquoi nous appelons à une manifestation le samedi 8 avril.

(1) Y. Lee et Y. Jung (2009), «The Correlation Between the New Prostitution Acts and Sexually Transmitted Diseases in Korea», *The Korean Journal of Policy Studies.*

SIGNATAIRES : Aurélien Beaucamp, président de AIDES; Docteur Françoise Sivignon, Présidente de Médecins du Monde; Jean Luc Roméro, président d'Élus Locaux contre le sida; Océane Rosemarie, humoriste et comédienne; Brigitte Sy, réalisatrice; Annie Lahmer, conseillère régionale Ile-de-France; Eve Plenel, militante lutte contre le VIH; Frédérique Menant, réalisatrice; Isabelle Cambroukis, éditrice; Hélène Hazéra, productrice radio sur France Culture & «ex-putain»; Sam MH Bourcier, universitaire Lille-3; Noomi B Grusi traductrice; Mylène Juste, secrétaire générale du STRASS; Séverine Oriol, présidente de Grisélidis; Sergio Coronado, député; Esther Benbassa, sénatrice EELV du Val-de-Marne et universitaire; Rokhaya Diallo, journaliste et auteure; Fania Noel, militante afroféministe; Ovidie, réalisatrice & ancienne actrice porno ; Mikaël Zenouda, Président d'Act Up-Paris; Laure Pora, Ancienne pésidente d'Act Up-Paris; Véronique Séhier et Caroline Rebhi, coprésidentes du Planning Familial; Sabine LI, présidente de Cabiria; Richard Yung, Sénateur; Corine Faugeron, coresponsable de la commission Féminisme EELV

Un groupe de médecins

DOCUMENT 05 - Communiqué du Préfet de la Région Île de France

Actualité

Lutte contre les violences faites aux femmes : sortir de la prostitution

Mise à jour : 26 novembre 2018

La loi du 13 avril 2016 visant à renforcer la lutte contre le système prostitutionnel et à accompagner les personnes prostituées représente une avancée majeure pour la protection des victimes de prostitution.

Outre la pénalisation de l'achat d'acte sexuel et l'abrogation du délit de racolage, la loi attache une grande importance à la protection des victimes et à leur insertion sociale et professionnelle. Un parcours de sortie de la prostitution et d'insertion sociale et professionnelle (PSP) a ainsi été créé pour aider les personnes qui le souhaitent à quitter la prostitution.

Le parcours de sortie de la prostitution et d'insertion sociale et professionnelle

L'entrée dans ce parcours, ouvert à toute personne majeure victime de prostitution, conditionne l'ouverture de droits spécifiques en matière d'accès au séjour pour les personnes étrangères et la perception d'une aide financière pour les personnes non éligibles aux minimas sociaux. Elle leur permet également de bénéficier d'un accompagnement renforcé.

Afin d'accompagner les personnes dans cette démarche, des associations agréées sont chargées de participer à l'élaboration et à la mise en œuvre du parcours de sortie. À Paris, 7 associations ont été agréées à cet effet et au moins une association agréée est présente dans chacun des autres départements franciliens.

Le décret du 28 octobre 2016 prévoit également la mise en place d'une commission départementale de lutte contre la prostitution, le proxénétisme et la traite des êtres humains aux fins d'exploitation sexuelle. Présidée par le préfet, elle coordonne l'action en faveur des personnes prostituées et rend un avis sur les parcours de sortie proposés par les associations agréées. À Paris, cette commission est co-présidée par le Préfet de Paris et le Préfet de police.

En Île-de-France, une commission a été mise en place dans chacun des 8 départements, ce qui a permis, à ce jour, d'inscrire 57 personnes dans des parcours de sortie.

Pour assurer un suivi efficace, le parcours de sortie est autorisé pour une durée de 6 mois, renouvelable 4 fois. En Île-de-France, 8 personnes ont d'ores et déjà quitté le dispositif.

Formation, sensibilisation et prévention de la récidive

Dans le cadre de la loi du 13 avril 2016, la Préfecture de la région d'Île-de-France finance des actions de prévention des pratiques prostitutionnelles et de recours à la prostitution, qui permettent d'informer et de sensibiliser **plusieurs centaines de personnes** chaque année, qu'il s'agisse du grand public ou des jeunes, car la prostitution touche aussi des mineurs.e.s.

La Préfecture d'Île-de-France soutient également des formations permettant **à plus de 150 professionnels franciliens** chaque année de mieux comprendre le phénomène prostitutionnel et de renforcer leurs compétences sur la prise en charge de ce public vulnérable, aux besoins sanitaires, sociaux, administratifs… parfois très importants.

Des guides et fiches réflexes, destinés aux professionnels, ont été diffusés dans l'ensemble des départements franciliens.

Des **stages de responsabilisation** pour les personnes condamnées pour achat d'acte sexuel ont commencé à être mis en place.

Chiffres clés
– Environ 30 000 personnes sont prostituées en France.
– 85 % d'entre elles sont des femmes
– 93 % sont étrangères
– 51 % des personnes prostituées ont subi des violences physiques dans le cadre de la prostitution (au cours des 12 mois précédents l'enquête), 64 % des insultes et/ou des actions d'humiliation ou stigmatisation.
– 38 % des personnes prostituées ont subi un viol au cours de leur vie (ce taux est de 6,8 % dans la population générale)
– 29 % des personnes prostituées ont eu des pensées suicidaires au cours des 12 derniers mois

(source : Lettre N° 7 de l'Observatoire national des violences faites aux femmes « Prostitution en France : ampleur du phénomène et impact sur les personnes prostituées », octobre 2015)

DOCUMENT 6 — FIGARO, 06 avril 2017 « Loi sur la prostitution : un bilan mitigé »

Par **Agnès Leclair**, le 06/04/2017

Un an après l'adoption du texte qui pénalise les clients et abroge le délit de racolage, les associations soulignent de nombreux effets néfastes.

Le 6 avril 2016, la France bouleversait sa politique en matière de prostitution, en adoptant **une loi pour pénaliser les clients de prostituées** et abroger le délit de racolage. Une rupture historique dans la lutte contre « le plus vieux métier du monde ». Un an plus tard, ce texte abolitionniste censé « tout changer » a-t-il porté ses fruits ?

Les forces de l'ordre se montraient très sceptiques sur son application, et notamment sur la pénalisation des clients par une amende de 1500 euros. En un an, 804 personnes ont été verbalisées par la police ou la gendarmerie, tandis que plus aucune prostituée n'a été arrêtée pour délit de racolage. Un chiffre qui prouve que le texte a commencé à s'appliquer même s'il s'agit d'une goutte d'eau sur un territoire comptant environ 37.000 personnes prostituées.

« La loi est devenue une réalité », se félicite le collectif « Abolition 2012 », composé de 62 associations féministes et contre la prostitution. « On ne peut pas parler de phénomène massif, mais c'est un bon chiffre, décrypte Grégoire Théry, de l'association abolitionniste **Le Mouvement du nid**. Mais il est avant tout dû à l'action de quelques procureurs volontaristes. »

Des procureurs comme celui de Fontainebleau, Guillaume Lescaux, premier à s'emparer du texte et bien décidé à s'en servir pour lutter contre la prostitution aux abords de la forêt.

« Une cinquantaine de clients ont déjà été contrôlés. S'ils ne reconnaissent pas les faits, ils sont convoqués à une audience publique qui leur fait prendre le risque de s'afficher comme client de prostitué.

La plupart choisissent donc de reconnaître les faits pour rester discrets, explique-t-il. On leur remet une ordonnance pénale et on leur propose un stage de citoyenneté. Ce moment de pédagogie me semble plus utile qu'une amende. Jusqu'à présent, nous n'avons pas constaté de récidive. » Près de 70 prostituées bulgares, roumaines, nigérianes ou camerounaises, plus rarement françaises, restent cependant toujours postées sur les grands axes de la forêt. Un nombre qui n'aurait que très faiblement diminué en un an.

David Alberto, du syndicat Synergie Officiers « Les clients sont peut-être plus craintifs par peur de l'amende, mais la philosophie de la loi nous semble toujours illusoire. Tarir la demande pour tarir l'offre, c'est un trompe-l'œil, de la poudre aux yeux. Il aurait mieux valu accorder des moyens supplémentaires pour couper les ailes des réseaux de prostitution, une mesure qui aurait eu beaucoup plus d'impact », pointe David Alberto, du syndicat Synergie Officiers.

« Cette loi se fonde sur un jugement moral et n'est pas très pragmatique », renchérit Yannick Le Bihan, directeur des opérations France de Médecins du monde. Opposée au texte, l'association déplore aujourd'hui une **précarisation des prostituées** travaillant dans la rue. « Avant, elles étaient en capacité de négocier, de refuser des prestations. Désormais, le rapport de forces est inversé. Les clients se font plus rares et c'est eux qui prennent les risques.

Du coup, ils réclament des prestations à moindre coût — qui peuvent descendre jusqu'à 5 euros aujourd'hui — ou sans préservatif », alerte Audrey Kartner, une des responsables de l'association. Les travailleurs du sexe prennent également de plus en plus de risques en se prostituant dans des endroits isolés. Certains réorganisent leur activité sur Internet ou en appartement et paient des intermédiaires dont elles se passaient auparavant. »

Très remonté contre le texte, le Strass, syndicat du travail sexuel, organise une manifestation à Pigalle ce samedi pour réclamer l'abrogation de la loi, jugée coupable de l'aggravation des conditions de travail et de vie des travailleurs du sexe.

Le volet « social » du texte, son autre pilier, n'est cependant pas encore véritablement effectif.

Il prévoit de proposer aux volontaires un « parcours de sortie de la prostitution », notamment grâce à une allocation mensuelle, la prise en charge par une association et l'obtention d'un titre de séjour pour les personnes étrangères. « Il est donc difficile à ce stade de dire que la loi est un succès ou un échec », avertit Grégoire Théry.

Autre critique récurrente : la nouvelle loi ne permet pas le blocage administratif des sites de prostitution. Or ces derniers sont devenus « les plus gros proxénètes » en France aujourd'hui, dénonce le Mouvement du Nid, en guerre contre les sites comme le mastodonte Vivastreet, qui fait payer des annonces dont la nature laisse peu de doute.

« On évalue aujourd'hui à 25 000 le nombre de prostituées qui utilisent Internet en France et à 10 000 le nombre de celles qui sont dans la rue », chiffre Jean-Marc Droguet, le chef de l'Ocreth, l'Office central de répression de la traite des êtres humains.

Ce dernier s'apprête à dévoiler un bilan 2016 marqué par une augmentation de près de 40 % des démantèlements de réseaux de prostitution par son service.

Un bon chiffre qui ne devrait rien au nouveau texte. « Les moyens d'accroche des réseaux n'ont pas changé », souligne Jean-Marc Droguet.

L'EXPRESS, 5 avril 2017 « Prostitution : un an après, quel bilan ? » — DOCUMENT 07

Un an après le vote de la loi instaurant la pénalisation des clients de prostituées, le collectif « Abolition 2012 » s'est réjoui lundi que le texte ait été mis en application grâce à plusieurs décrets et soit devenu « réalité ».

Un an après, c'est l'heure du premier bilan pour la loi instaurant la pénalisation des clients. Et c'est le collectif « Abolition 2012 », regroupant 62 associations féministes ou luttant contre la prostitution, qui le dresse. Dans un communiqué diffusé lundi, le collectif explique que « cette loi historique (…) refonde ainsi, comme jamais depuis 1946, l'ensemble des politiques publiques françaises en matière de prostitution ». Il « salue la détermination des quatre ministères qui, en moins d'un an, ont publié quatre décrets d'application (sur cinq) et deux circulaires ».

Le 6 avril 2016, la France avait rejoint le camp des pays européens sanctionnant les clients de prostituées, une mesure qui avait fait l'objet de vifs débats et divisé la classe politique comme les associations d'aide aux prostituées. Les contrevenants à l'interdiction de « l'achat d'actes sexuels » sont désormais passibles d'une amende de 1500 euros, pouvant grimper à 3750 euros en cas de récidive. Une peine complémentaire peut être prononcée, sous la forme d'un stage de sensibilisation aux conditions de la prostitution.

804 personnes arrêtées en un an

« Alors que chaque année, plus de 1500 personnes prostituées étaient arrêtées au titre du délit de racolage, plus aucune personne prostituée n'a été interpellée pour ce motif après le 14 avril 2016 », s'est satisfait le collectif. « Dès le 18 avril 2016 », une circulaire a permis que « pour la première fois depuis 1939, les personnes prostituées ne (puissent) donc plus être réprimées pour leur activité », ajoute-t-il.

« Les premiers acheteurs de sexe ont été interpellés seulement quelques semaines après l'adoption de la loi », poursuit « Abolition 2012 », qui évalue à 804 le nombre de personnes arrêtées. « Dans l'écrasante majorité des cas, les acheteurs de sexe ont reconnu les faits et payé une amende dans le cadre d'une composition pénale », écrit le collectif.

La pénalisation des clients était la mesure phare d'un texte plus global visant à renforcer la lutte contre le proxénétisme et favoriser les aides à sortir de la prostitution. « Abolition 2012 » salue également la création de la « circonstance aggravante pour les violences physiques et sexuelles commises à l'encontre des personnes prostituées » et la délivrance désormais automatique « d'un titre de séjour pour les victimes de la traite des êtres humains qui coopèrent avec la justice ». Enfin, le collectif réclame une augmentation des financements attribués aux associations afin de garantir « le succès des parcours de sortie de la prostitution ».

DOCUMENT N° 8 — Principales dispositions juridiques de lutte contre la prostitution :

Titre unique : Du recours à la prostitution

Article 611-1 du Code pénal

Créé par LOI n° 2016-444 du 13 avril 2016 — art. 20

Le fait de solliciter, d'accepter ou d'obtenir des relations de nature sexuelle d'une personne qui se livre à la prostitution, y compris de façon occasionnelle, en échange d'une rémunération, d'une promesse de rémunération, de la fourniture d'un avantage en nature ou de la promesse d'un tel avantage est puni de l'amende prévue pour les contraventions de la 5e classe.

Les personnes physiques coupables de la contravention prévue au présent article encourent également une ou plusieurs des peines complémentaires mentionnées à l'article 131-16 et au second alinéa de l'article 131-17.

Article 131-16 du Code pénal

- Modifié par LOI n° 2016-444 du 13 avril 2016 — art. 21

Le règlement qui réprime une contravention peut prévoir, lorsque le coupable est une personne physique, une ou plusieurs des peines complémentaires suivantes :

1° La suspension, pour une durée de trois ans au plus, du permis de conduire, cette suspension pouvant être limitée à la conduite en dehors de l'activité professionnelle sauf si le règlement exclut expressément cette limitation ;

2° L'interdiction de détenir ou de porter, pour une durée de trois ans au plus, une arme soumise à autorisation ;

3° La confiscation d'une ou de plusieurs armes dont le condamné est propriétaire ou dont il a la libre disposition ;

4° Le retrait du permis de chasser, avec interdiction de solliciter la délivrance d'un nouveau permis pendant trois ans au plus ;

5° La confiscation de la chose qui a servi ou était destinée à commettre l'infraction ou de la chose qui en est le produit ;

6° L'interdiction de conduire certains véhicules terrestres à moteur, y compris ceux pour la conduite desquels le permis de conduire n'est pas exigé, pour une durée de trois ans au plus ;

7° L'obligation d'accomplir, à ses frais, un stage de sensibilisation à la sécurité routière ;

8° L'obligation d'accomplir, le cas échéant à ses frais, un stage de citoyenneté ;

9° L'obligation d'accomplir, à ses frais, un stage de responsabilité parentale, selon les modalités fixées à l'article 131-35-1 ;

9° bis L'obligation d'accomplir, le cas échéant à ses frais, un stage de sensibilisation à la lutte contre l'achat d'actes sexuels ;

10° La confiscation de l'animal ayant été utilisé pour commettre l'infraction ou à l'encontre duquel l'infraction a été commise ;

11° L'interdiction, pour une durée de trois ans au plus, de détenir un animal ;

12° Le retrait pour une durée d'un an au plus des titres de conduite en mer des navires de plaisance à moteur et, à l'encontre de toute personne embarquée sur un navire étranger, l'interdiction pour un an au plus de pratiquer la navigation dans les eaux territoriales ou les eaux intérieures maritimes françaises.

Article 131-17 du Code pénal :

Le règlement qui réprime une contravention de la 5e classe peut en outre prévoir la peine complémentaire d'interdiction, pour une durée de trois ans au plus, d'émettre des chèques autres que ceux qui permettent le retrait de fonds par le tireur auprès du tiré ou ceux qui sont certifiés.

Le règlement qui réprime une contravention de la 5e classe peut également prévoir, à titre de peine complémentaire, la peine de travail d'intérêt général pour une durée de vingt à cent vingt heures.

DOCUMENT 9 : Document de l'association du Nid

Avec les personnes prostituées : L'accompagnement

L'accompagnement : soutenir les personnes prostituées et développer des alternatives

Le Mouvement du Nid peut proposer aux personnes rencontrées, si elles le souhaitent, un accompagnement dans leurs démarches de réinsertion, en lien avec des partenaires spécialisés (emploi, formation, santé, logement), un soutien psychologique et un suivi durable. L'accompagnement s'inscrit dans le temps.

Il suppose la réappropriation par la personne de sa propre histoire, la libération d'une parole là où la prostitution imposait le silence. Il n'existe que dans le souci de la rendre actrice de son devenir. Le Mouvement du Nid joue un rôle de relais.

Il accorde une importance croissante au partenariat avec les associations, collectivités, administrations... Un partenariat fondé sur la spécificité des structures, la reconnaissance de leurs compétences et la cohérence des démarches, dans l'intérêt des personnes.

CHIFFRES CLÉS 2016
- 791 permanences tenues
- 9 002 visites dans nos locaux
- 746 personnes accompagnées
- 18 125 heures de bénévolat

Pour de très nombreuses démarches, accompagner la personne « physiquement » est très important. Cela demande du temps, cela implique un coût et une grande disponibilité. Mais, nous constatons l'importance de cette démarche et son efficacité. En accompagnant la personne dans les services, elle ose la démarche, repère les lieux et les manières de faire, reprend confiance en elle-même et dans les différents services rencontrés pour entreprendre ces démarches seule.

VAL-DE-MARNE

Création d'une permanence spécifique

Jusqu'en 2016, la délégation du Val-de-Marne faisait de la rencontre, mais pas d'accompagnement. Lors des rencontres avec les personnes au Bois de Vincennes, nous leur donnions les coordonnées de la délégation de Paris, leur demandant d'appeler pour prendre rendez-vous. Nous nous sommes rendues compte que cette méthode ne permettait pas qu'elles se sentent à l'aise pour appeler et aller vers nos locaux d'Ile-de-France, car elles ne faisaient pas le lien entre la permanence et nous.

Deux militants ont donc décidé d'ouvrir, tous les lundis après-midi, une permanence dans les locaux Ile-de-France. Cela a permis de dire aux personnes, qui peuvent appeler sur un numéro spécifique, « vous pouvez joindre directement Z ou S » – qu'elles connaissent – et les rencontrer à la permanence le lundi après-midi.

Pendant la permanence, nous menons principalement deux activités : entretiens individuels/aide aux démarches et un cours d'initiation au français, et de plus en plus, à quelques grandes connaissances du monde qui les entoure. Nous nous sommes en effet rendu compte que leur besoin est beaucoup plus vaste que celui de la seule langue, surtout pour répondre aux demandes administratives en France.

Ainsi, souvent, les décisions de la CNDA (Cour nationale du droit d'asile), affirment qu'elles ne sont pas crédibles, par exemple, qu'elles ne donnent pas l'impression de connaître leur pays. Nous avons compris que c'est surtout le signe d'une incompréhension totale de nos autorités de l'accès aux connaissances qu'elles ont pu avoir, dans des scolarités inexistantes, et un environnement social et culturel qui vise à les maintenir dans l'ignorance. Ainsi, pour elles, savoir où est le Nigéria en Afrique sur une carte, est d'autant plus difficile qu'elles n'ont jamais appris à quoi ressemblait l'Afrique !

Par ailleurs, trop souvent obligées de se débrouiller toutes seules par les réseaux, elles « codent » leurs parcours. Ainsi, l'une d'entre elles, B., répond très sincèrement, à la juge de la CNDA, à une question sur le lieu où elle a fait ses démarches. Pour elle, c'est « Mazimont »... comprendre « Max Dormoy », nom du métro où elle doit aller pour se rendre à France Terre d'Asile, l'endroit où la plupart sont domiciliées. Ou encore, l'une d'elles, avec qui nous avons un entretien dans les locaux de l'avenue Gambetta et à qui nous demandons si elle a vu d'autres associations avant nous, elle explique que oui, mais qu'ils n'ont rien pu faire. Puis se souvient qu'à l'audience de l'Ofpra, on lui avait donné un petit papier avec le nom d'une association spécifique sur la prostitution. Petit papier présent dans son dossier (elles ont en général des classeurs très bien rangés), et qui mentionne : le Mouvement du Nid, précisément à l'adresse où elle se trouve à ce moment-là !

Notre accompagnement consiste donc d'abord à être présentes, offrir un autre accueil que le contexte froid des institutions administratives et sociales habituelles. L'ambiance des cours est de plus en plus studieuse, tout en étant chaleureuse, et il n'est pas rare que nous voyons passer dans leurs yeux la lueur de la découverte de nouvelles connaissances. Ainsi, lorsqu'elles apprennent que des êtres humains sont, actuellement, en train de vivre dans l'espace, dans la station internationale (*you mean...*

Découverte de la géographie de l'Afrique

human beings ?), et mieux, que des personnes noires sont déjà allées dans l'espace (« *only white people can take such risk* » seuls des Blancs peuvent prendre des risques pareils, a été la première réaction de l'une d'elles).

Mais l'échange n'est pas à sens unique. Pour les militant.e.s qui animent ces ateliers, chaque après-midi passé avec elles est aussi un moment de découverte. Une invitation à l'humilité et à la nécessité, toujours renouvelée, d'être dans l'ouverture à l'autre.

Nous allons également avec elles, lorsque nous le pouvons, à leurs rendez-vous (avocat.e.s, cour, médecins) et nous les rencontrons en dehors des heures de la permanence pour recueillir leurs récits de vie. Enfin, une autre militante propose, chaque mercredi, un atelier créatif pour fabriquer des objets, comme des bracelets ou des sacs à main.

Partenariat avec « Cultures du Cœur »

À l'initiative d'une des militantes de la délégation, un partenariat a été conclu entre les délégations d'Ile-de-France et « Cultures du Cœur ». Cette association permet depuis 20 ans aux plus démunis de profiter de sorties culturelles : visites de musées, expositions, séances de spectacle, avec une vision : « Agir pour l'inclusion sociale et professionnelle des personnes en situation de précarité et/ou de vulnérabilité économique et sociale en favorisant le partage des biens communs que sont la culture, le sport, le loisir ». Grâce à ce partenariat, les personnes suivies par les délégations d'Ile-de-France peuvent s'inscrire et découvrir gratuitement les monuments, les musées parisiens. Des places sont également disponibles pour les bénévoles qui souhaitent les accompagner. « Cultures du Cœur » travaille sur la diversité des pratiques culturelles et la capacité des publics isolés à investir des lieux qui leur semblent « interdits ». Cultures du Coeur défend, au contraire, la mixité des publics dans les lieux culturels pour donner la capacité aux bénéficiaires de retrouver confiance en eux en franchissant le seuil des théâtres, musées, salles de concert.

Avec les personnes prostituées : L'accompagnement

LOIRE-ATLANTIQUE

Mieux comprendre d'où les personnes viennent pour les aider plus efficacement

De nombreuses étapes sont à franchir dans le parcours de sortie de la rue. En grande majorité, les personnes qui viennent à notre permanence ont été rencontrées dans la rue par des membres de l'association. Leur première demande est le plus souvent une aide à la régularisation. Elles écrivent ou ré-écrivent leur histoire, tout ce qu'elles ont vécu depuis le départ de leur pays d'origine.

La précarité est dans la rue bien sûr, mais aussi dans les moyens dont nous disposons pour leur venir en aide. Nous avons un partenariat très régulier avec une équipe de mission locale et plusieurs associations pour pouvoir remplir notre mission d'association-relais.

Nous recevons, de plus en plus nombreuses, des jeunes femmes du Nigéria. Cela nous a fait prendre conscience de la nécessité d'encourager l'apprentissage de la langue française.

Un de nos militants, originaire du Nigéria, en vacances dans sa famille, a pris le temps de s'informer sur ce que fait son pays contre la traite des jeunes femmes. Il a pu visiter 2 centres d'accueil dont l'un est tenu par une ONG. Les personnes accueillies bénéficient d'un soutien psychologique.

Dans les grandes villes, les autorités tentent d'informer et de sensibiliser les jeunes femmes aux risques de partir vers l'Europe. Mais, de plus en plus, les trafiquants vont chercher leurs victimes dans des villages plus reculés. Des actions sont également menées pour que le désenvoutement permette aux victimes et à leurs familles d'être « libérées ».

LOIRET

Faire émerger la confiance

L'accompagnement spécifique proposé par le Mouvement du Nid s'appuie sur plusieurs constats : reconnaître sa situation de prostitution est difficile et douloureux, mais dire sa situation de prostitution est libérateur.

Il faut ensuite essayer de comprendre le cheminement qui a amené à la situation de prostitution. L'échec d'une démarche de réinsertion est souvent la preuve qu'un élément clé dans le chemin de basculement n'a pas été identifié. Toute démarche de réinsertion est unique et le/la travailleur.e social.e ou le/la bénévole qui accompagne cette démarche doit respecter les choix des personnes.

L'accompagnement proposé par le Mouvement du Nid est donc un accompagnement personnalisé qui se définit au gré des besoins et des désirs des personnes.

Le Mouvement du Nid accorde une importance croissante au partenariat avec les associations, collectivités et administrations... Le partenariat est fondé sur la spécificité des structures, la reconnaissance de leurs compétences et la cohérence des démarches dans l'intérêt des personnes accompagnées.

Pour de nombreuses démarches, accompagner la personne « physiquement » est très important. Cela demande du temps, cela implique un coût et une grande disponibilité, mais est une condition d'efficacité. En accompagnant la personne dans les services, celle-ci ose la démarche, reprend confiance en elle-même et peut alors à son tour entreprendre des démarches seule.

De plus, le temps de l'attente et de l'accompagnement physique donne des opportunités de « disponibilité » et la confiance apparaît.

Sur toute l'année, nous avons accompagné 80 personnes au total, dont 35 sur la durée (plus de 3 rendez-vous).

> **Moselle**
>
> Une femme nous a contacté.e.s suite au vote de la loi du 13 avril 2016, tournant historique des politiques de lutte contre la prostitution. Le vote de la loi lui a donné le courage de venir nous trouver à la délégation à Metz, pour demander de l'aide et quitter définitivement « le milieu » comme elle le nomme. Elle aurait, en outre, souhaité nous rejoindre dans notre délégation à Metz et venir en aide à des personnes qui voudraient quitter la prostitution. Mais nous pensons que c'est trop tôt, et l'avons encouragée à reprendre le cours de sa vie afin de reprendre pied après trop d'année passées dans cette galère.

RHÔNE

Revivre après des mois, des années de violences physiques et mentales

Un point retient de plus en plus notre attention : la condition psychologique des personnes s'adressant à nous pour être aidées à « sortir » et à vivre l'après. Elles ont vécu de longs mois ou de longues années de violences physiques et mentales, d'humiliation, de privations et d'isolement. Nous pensons d'abord aux conditions dans lesquelles certaines d'entre elles ont rejoint l'Europe sur les chemins de la traite, à travers la Lybie, la Turquie ou la Grèce, avec leur lot de viols, de mendicité, de dangers. Nous pensons aussi, bien sûr, à ces rapports quotidiens de prostitution qui sont autant d'effractions et de blessures de la personne.

Lorsque les personnes se présentent à nous, dans un premier temps, rien ou à peu près ne paraît de ces traumatismes. Elles semblent pouvoir tourner la page, penser à un emploi, s'occuper de leur enfant, comme si rien ne s'était passé. Mais dans une relation plus longue, plus confiante, certaines d'entre elles pourront avouer qu'elles dorment mal, qu'elles font des cauchemars, qu'elles ont peur, qu'elles ont des migraines continuelles, etc. Et si elles ne l'avouent pas, il nous faut supposer que le vécu antérieur ne peut pas ne pas les avoir meurtries en profondeur.

Nous sommes donc amenés à proposer puis à orienter la personne vers une prise en charge psychologique pour, idéalement, traiter le traumatisme en profondeur. Mais nous buttons sur une carence de moyens et de personnels. Peu de professionnels de la psychologie du secteur public sont formés à la traumatologie des violences, et des violences sexuelles en particulier ; encore moins sont disponibles (trop de monde, des délais longs), surtout qu'il nous faut trouver des praticiens capables d'opérer en anglais. Nous orientons bien sûr vers les CMP ou le CPCT (Centres Médico-Psychologiques ou le Centre Psychanalytique de Consultation et de Traitement), mais ce n'est pas toujours satisfaisant. Nous souhaiterions un partenariat avec des praticiens plus spécialisés en traumatologie, plus disponibles aussi, mais ils appartiennent au secteur privé et leurs services coûtent cher.

Pour les trois grandes questions qui traversent la problèmatique du logement, du soutien à la parentalité et du soin du traumatisme psychique, nous attendons avec impatience la mise en œuvre des dispositions de la loi du 13 avril 2016 qui devraient apporter une aide majeure dans leur prise en charge.

DOUBS

Accompagner des personnes en réinsertion

Les personnes en réinsertion sont souvent très isolées, en rupture avec leur famille et la société et nous leur proposons de les accompagner dans leurs différentes démarches.

Nous travaillons régulièrement en lien avec des partenaires spécialisés en matière d'emploi, de formation, de santé et de logement (CMS, Intermed, Blanchisserie du Refuge, Jardins de Cocagne, Espaces Solidaires du CCAS, SAAS, CHRS le Roseau, Pôle Emploi). En 2016, nous continuons d'accompagner 5 personnes qui ont quitté la prostitution.

Notre investissement auprès des personnes est différent en fonction de leur vécu et des dommages physiques et psychologiques subis dans le monde de la prostitution. Nous constatons que celles qui arrivent à quitter la prostitution ont souvent une personnalité très forte et un caractère assez dur ce qui leur permet d'affronter les nombreux obstacles rencontrés. Souvent, cette décision intervient après un événement comme une agression, un démantèlement, une rencontre ou une grossesse par exemple.

Les personnes qui viennent de quitter la prostitution nous contactent très régulièrement. Nous essayons le plus possible de mener cet accompagnement en lien avec les structures existantes. Elles ont en effet souvent beaucoup d'appréhension à solliciter un service social. S'il est parfois nécessaire d'accompagner les personnes au premier entretien auprès des travailleurs sociaux, notre objectif est de les rendre autonomes.

Chapitre 3

Avec les personnes prostituées : L'accompagnement

HÉRAULT
Le réaménagement du pôle contact et accompagnement

Depuis septembre 2016 la délégation de l'Hérault a procédé à un diagnostic du pôle contact et accompagnement, identifiant les bonnes pratiques mais aussi les dysfonctionnements pour définir les axes de progrès à suivre. L'arrivée d'une salariée, coordinatrice du pôle contact et accompagnement, a permis de réorganiser ce pôle suivant des objectifs opérationnels précis. Cette démarche de réorganisation est encouragée par le passage de la loi du 13 avril 2016 « visant à renforcer la lutte contre le système prostitutionnel et à accompagner les personnes prostituées ».

En effet, l'article 5 prévoit la création des parcours de sortie de la prostitution et d'insertion sociale et professionnelle. Au vu des différentes modifications amenées par la loi en terme d'accompagnement social il nous a semblé indispensable de réaménager nos actions afin de permettre à notre public d'accéder aux ouvertures prévues par la loi.

Les actions du pôle accompagnement sont les suivantes : espace d'écoute de soutien auprès des personnes prostituées (travail autour de l'estime de soi et de la confiance), cours individuels de Français langue étrangère, projet « cellule internet », projet « soutien à la parentalité » : atelier thématiques, sorties ludiques et temps d'échange autour de leurs interrogations. Enfin, en tant qu'association-relais, nous accompagnons les personnes dans leurs démarches de demande d'hébergement, de régularisation et de réinsertion professionnelles et les orientons vers des professionnel.le.s spécialisé.e.s et sensibilisé.e.s.

INDRE-ET-LOIRE
Mener un accompagnement global adapté aux situations individuelles

Réussir l'accompagnement passe par l'établissement d'une relation de confiance avec la personne et par l'analyse des situations individuelle, familiale, sociale et sanitaire de la personne. Nous lui fournissons ensuite une aide dans les démarches administratives liées au logement/hébergement, à la santé, à la formation/insertion professionnelle, à des aspects juridiques, et à la régularisation pour les étrangères.

Nous recherchons la participation active de la personne qui est au centre de la démarche d'accompagnement. Avec elle, nous déterminons les freins, les capacités et son degré d'autonomie.

Nous établissons des priorités dans ses besoins et demandes, enfin nous déterminons avec elle les démarches à engager pour respecter ses choix.

L'accompagnement s'inscrit donc dans la durée. Il est basé sur le rythme, le respect du choix et de l'itinéraire de la personne. Il n'existe que dans le souci de rendre les personnes agentes de leur devenir.

Par ailleurs, nous agissons en lien avec les acteurs de terrain. La création de relais est indispensable pour favoriser l'accès aux droits et aux soins et pour mener un accompagnement dans une approche globale. Orienter les personnes vers le partenaire adéquat en fonction de la problématique repérée permet d'agir en complémentarité. Nous essayons de coordonner les actions pour agir en cohérence.

 **Haute-Garonne**

Les personnes prostituées que nous rencontrons sont étrangères et souhaitent toutes obtenir un « vrai » travail en France. En attendant l'étude de leur demande de droit au séjour notamment, apprendre le français leur permet de mieux s'intégrer et de garder l'espoir d'obtenir un emploi.

À travers notre cours de français, deux fois par semaine, elles peuvent améliorer leur niveau à l'écrit et à l'oral, prendre confiance, oser prendre la parole, et acquérir plus d'autonomie dans leurs démarches à travers des thématiques spécifiques.

Un outil en cours d'élaboration

Un projet de guide de la rencontre et de l'accompagnement pour les militant.e.s et bénévoles est en cours de réalisation et sera prochainement disponible pour tout.e.s.

ESSONNE

Se faire reconnaître comme partenaire

En 2016, notre délégation de l'Essonne a accompagné deux principaux types de personnes : des personnes suivies depuis plusieurs années mais qui ont encore besoin d'aide et de soutien pour faire face à des situations parfois difficiles, et des personnes rencontrées ou signalées en cours d'année, soit par les services sociaux soit d'autres délégations du Mouvement du Nid.

Sont principalement concernées des jeunes femmes nigérianes et congolaises.

Outre le soutien moral et l'écoute, les bénévoles de la délégation aident les personnes dans leurs démarches, les assistent après une période de rétention administrative, les accompagnent pour l'accès aux soins, la recherche d'emploi, l'hébergement, l'accompagnement vers les services sociaux dans le cadre de sa mission de mouvement-relais. Dans ce domaine, la délégation rencontre parfois encore des difficultés pour se faire reconnaître par les travailleurs sociaux comme un acteur du parcours de sortie.

Eure-et-Loir

Des personnes prostituées se sont confiées à la délégation concernant des violences commises par des « clients » sur les personnes, des violences qui n'ont pas été prises au sérieux par la police. Une bénévole a proposé d'accompagner au commissariat les personnes prostituées qui souhaitaient déposer plainte. La délégation a transmis une note au préfet pour informer de ces dysfonctionnements par l'intermédiaire de la délégation aux droits des femmes.

SARTHE

Un investissement important pour les bénévoles

Accompagner des personnes en situation de prostitution exige beaucoup de disponibilité des bénévoles qui doivent effectuer de nombreuses démarches. Une prise en charge sur le plan global (santé, social, psychologique, hébergement....), un travail régulier avec les partenaires, des rédactions de rapports, des liaisons avec le pays d'origine des personnes, des ambassades. Les accompagnements sont de plus en plus nombreux. Un partenariat s'est développé plus particulièrement avec l'Association Tarmac qui accueille quelques-unes des personnes mais aussi avec un certain nombre de structures mancelles : le Centre hospitalier, les services concernés et les centres sociaux de la ville, le CCAS Mission Locale, Emmaüs, le Pôle emploi,...

Quelques chiffres : **546 heures** entretiens/accompagnements ; **70 heures** préparation, synthèses, partenariat ; **55 heures** Commissions/briefing ; **261 heures** Démarches/ administratif ; **115 heures** entretiens téléphoniques ; **967 kilomètres** parcourus.

CALVADOS

L'exemple de G, une jeune mineure nigériane

En partenariat avec la délégation du Rhône, la délégation du Calvados s'est occupée d'une jeune femme nigériane dont nous pensions qu'elle était mineure.

Elle est arrivée en janvier 2016 en provenance de Lyon. Le contact n'était pas facile à cause de la langue et surtout parce qu'elle était très surveillée par des compatriotes. Il a fallu prendre beaucoup de précautions.

La délégation avait un doute sur son âge, elle semblait mineure, mais un document qu'elle avait en sa possession semblait prouver le contraire. Plusieurs rencontres ont été nécessaires pour arriver à dénouer les fils de sa situation.

Ayant fini par connaître son âge, nous l'avons dirigée vers une institution qui nous a renvoyés vers le SAMIE (service d'accueil des mineurs isolés étrangers), nous a permis de la sortir de la prostitution et de la mettre à l'abri.

Prise en charge par des éducateurs, elle a été mise en sécurité d'abord à Caen pendant un mois et demi et elle a ensuite quitté le Calvados pour la Sarthe à cause des pressions que continuaient à exercer sur elle certaines personnes.

Malgré l'éloignement, nous avons pu maintenir le contact avec elle.

La formation des acteurs sociaux : démultiplier notre impact social en formant les professionnels

CHIFFRES CLÉS 2016
16 842 heures de formation
2 807 personnes formées

Face à la méconnaissance du système prostitutionnel, l'information est une urgence. En tant que mouvement-relais, nous accordons une grande importance à former les professionnel.le.s qui devront, dans le droit commun, accueillir des personnes prostituées ou agir dans le cadre de la prévention. Les actrices et acteurs sociaux (professionnel.le.s socio-éducatifs, santé, police, justice...) ont en effet un rôle essentiel à jouer. Le Mouvement du Nid organise à leur intention des cycles de formation (de 1 à 7 jours) et des journées d'information.

Pour aborder la prostitution dans sa globalité, et travailler sur ses représentations, nous traitons les sujets suivants : la prostitution comme fait social, non comme simple problème de la personne qui se prostitue, le repérage des situations de prostitution chez les personnes rencontrées, la connaissance des risques qui peuvent entraîner à se prostituer et les pratiques de prévention, l'élaboration, avec la personne, d'un parcours de réinsertion.

Enfin, avec l'adoption de la loi du 13 avril, de nouvelles formations destinées à faciliter l'application de la loi se mettent en place. La 1ère a eu lieu en décembre en Ardèche.

HAUT-RHIN

Une première à Mulhouse, la formation des policiers municipaux

Tout a commencé en 2012 lorsque la ville a étendu par arrêté les zones d'interdiction de la prostitution. Certains comportements des policiers ont permis à la délégation du Mouvement du Nid de mesurer leur méconnaissance du sujet. Au lieu de se placer dans l'opposition frontale, la délégation a alors entrepris un dialogue avec la municipalité. La formation des 70 policiers municipaux, portée notamment par le Pole Prévention, Sécurité et Risques urbains, est aussi le résultat de ce travail patient, qui s'ajoute à une présence de 35 années et à un important réseau de partenariat.

En formation permanente sur de nombreuses thématiques, par exemple la question des violences faites aux femmes, les policiers municipaux avaient besoin de mieux connaître la question prostitutionnelle. Stéréotypes et représentations, formes de prostitution et tendances, lois, analyse de situations, échange de pratiques... Les journées ont été intensives ; et l'expérience très positive, selon Karine Batail, de la délégation. Pour commencer, policiers et Mouvement du Nid ont appris à se connaître : « *Ils sont en première ligne et souffrent d'être mal considérés. Ils ne se voient pas dans un rôle répressif mais plutôt dans l'aide aux habitants.* »

La formation a ainsi mis en avant la frustration des policiers qui souhaiteraient étendre leur champ d'action en tissant des liens plus solides avec les associations : « *Ils ont par exemple été appelés pour une mineure en situation de prostitution, mais la police nationale n'a pas suivi et elle a disparu. Ils expriment un vrai besoin de suivre les affaires et de connaître les suites de leurs interventions.* »

Reste à ne pas perdre le bénéfice engrangé : « *Nous voudrions poursuivre cette action mais aussi l'étendre en tra-*

vaillant avec d'autres acteurs. » Un objectif d'autant plus atteignable que la taille de la ville permet de tisser des liens humains et que l'ensemble des partenaires en matière de santé, de justice et d'accompagnement, réunies au sein de l'Observatoire des violences intrafamiliales et faites aux femmes (OVIFF), partagent la culture abolitionniste, avec une chargée de mission aux droits des femmes aux mêmes convictions et un maire, Jean Rottner, seul du Haut-Rhin à avoir signé la Tribune des Maires pour l'abolition de la prostitution.

Ces formations ont donné lieu à des retours encourageants avec une évolution certaine des regards qui passent plutôt du répressif au préventif et manifestent une plus grande empathie pour les personnes prostituées. Les policiers municipaux eux-mêmes expriment le besoin d'avoir des « piqûres de rappel ».

« *Deux référents seront nommés* », explique Karine Batail, « *et nous aurons deux ou trois réunions par an. Nous sommes aussi d'accord pour mettre en place des intervenants identifiés qui permettent de répondre aux situations d'urgence. Sur la question des mineures en fugue, par exemple, qui est aujourd'hui une vraie préoccupation (nous voyons les proxénètes tourner dans les lieux d'accueil), nous voudrions combler le vide et donc mettre en place, avec nos partenaires des foyers, de la police et d'autres acteurs, une personne référente et un protocole* ».

En 2015, 50 partenaires de l'action sociale s'étaient engagés avec nos deux délégations alsaciennes pour permettre à des personnes qui veulent sortir de la prostitution d'accéder à des formations. Le dispositif fonctionne. « *Malheureusement, les femmes prostituées que nous rencontrons sont majoritairement sans-papiers et nous avons beaucoup de dossiers déposés à l'Ofpra.* », expliquent nos militant.e.s.

En 2017, Mulhouse va aussi lancer une campagne de sensibilisation en direction des « clients » de la prostitution. La ville s'était déjà engagée en 2013 avec notre affiche qui portait sur la prostitution comme violence, puis en 2016, avec notre campagne « Les Bourreaux », qui a remporté un beau succès (voir page 40).

Quelques recommandations pour les villes

La prostitution, en tant qu'enjeu de politiques publiques, doit être mise à l'agenda municipal !

✔ Intégrer pleinement la prostitution dans les politiques publiques locales :
  - Former l'ensemble des personnels en ce sens : action socio-éducative et de santé, police municipale, etc.
  - Intégrer la prostitution dans les projets de prévention des Conseils locaux de sécurité et de prévention de la délinquance (CLSPD).

✔ Sensibiliser l'opinion par des débats et en finançant des campagnes d'information.

✔ Cesser de promouvoir le commerce du sexe (« salons de l'érotisme »), enlever des journaux et guides municipaux toute référence aux quartiers de prostitution, salons de massage, clubs « érotiques », etc.

✔ Organiser des partenariats avec les associations, encourager leurs initiatives :
  - Créer en partenariat avec le milieu associatif, un guide d'aide aux personnes prostituées : accès aux soins et aux droits (services sociaux et juridiques), dépistage des IST, aide à la sortie de prostitution.
  - Dans les zones frontalières, organiser des partenariats entre les « villes-frontières ».

GOUVERNEMENT
Liberté
Égalité
Fraternité

INSTRUCTION N° DGCS/SDFE/DGEF/DIMM/2022/7 2022 **du 13 avril 2022** relative à l'ouverture des droits dans le cadre du parcours de sortie de la prostitution et d'insertion sociale et professionnelle

Le ministre de l'Intérieur

La ministre déléguée auprès du Premier ministre chargée de l'égalité entre les femmes et les hommes, de la diversité et de l'égalité des chances

La ministre déléguée auprès du ministre de l'Intérieur, chargée de la citoyenneté

à

Mesdames et Messieurs les préfets de région

Mesdames et Messieurs les préfets de département

Référence	NOR : SSAA2201128C (n° interne 2022/7)
Date de signature	13 avril 2022
Emetteur(s)	Ministère de l'intérieur Direction générale des étrangers en France Ministère chargée de l'égalité entre les femmes et les hommes, de la diversité et de l'égalité des chances Direction générale de la cohésion sociale – Service des droits des femmes et de l'égalité entre les femmes et les hommes
Objet	Ouverture des droits dans le cadre du parcours de sortie de la prostitution et d'insertion sociale et professionnelle
Commande	Finaliser l'installation dans tous les départements des commissions départementales de lutte contre la prostitution, le proxénétisme et la traite des êtres humains aux fins d'exploitation sexuelle et ouvrir des parcours de sortie de la prostitution dès lors qu'ils répondent aux prérequis. Veiller à une bonne application des dispositions du code de l'entrée et du séjour des étrangers et du droit d'asile (CESEDA). Veiller à ce que l'autorisation de séjour soit délivrée dans les meilleurs délais possibles, pour permettre notamment la signature du contrat d'intégration républicaine des publics éligibles.
Action(s) à réaliser	Installer et faire fonctionner les commissions départementales de lutte contre la prostitution, le proxénétisme et la traite des êtres humains aux fins d'exploitation sexuelle. Favoriser le développement des parcours de sorties de la prostitution.

	Examiner, dans le cadre du pouvoir d'appréciation du Préfet si le droit au séjour de la personne s'étant engagée dans un PSP peut être maintenu au moyen d'une carte de séjour temporaire. Veiller à ce que l'autorisation de séjour soit délivrée dans les meilleurs délais possibles
Echéance(s)	Immédiat
Contact(s) utile(s)	Direction générale de la cohésion sociale Service des droits des femmes et de l'égalité entre les femmes et les hommes Bureau de l'égalité entre les femmes et les hommes dans la vie personnelle et sociale Jean-Luc THIERRY Tél : 01 53 86 10 30 Mél : jean-luc.thierry@social.gouv.fr
Nombre de pages et annexe(s)	6 pages + 2 annexes (8 pages) Annexe 1 : Composition de la commission départementale de lutte contre la prostitution, le proxénétisme et la traite des êtres humains aux fins d'exploitation sexuelle (Article R. 121-12-7 du CASF) Annexe 2 : Composition du dossier de demande d'admission au séjour sur le fondement de l'article L.425-4 du CESEDA
Catégorie *(si dépôt site Légifrance)*	Mise en œuvre des réformes et des politiques publiques comportant des objectifs ou un calendrier d'exécution.
Résumé	La présente circulaire fixe l'impératif de finaliser l'installation dans tous les départements des commissions départementales de lutte contre la prostitution, le proxénétisme et la traite des êtres humains aux fins d'exploitation sexuelle et d'ouvrir des parcours de sortie de la prostitution dès lors qu'ils répondent aux prérequis. Elle rappelle les critères d'obtention de l'autorisation provisoire de séjour pour les personnes engagées dans le parcours de sortie de la prostitution et d'insertion sociale et professionnelle, créé par la loi n° 2016-444 du 13 avril 2016 visant à renforcer la lutte contre le système prostitutionnel et à accompagner les personnes prostituées.
Mention Outre-mer	Ces dispositions s'appliquent aux Outre-mer
Mots-clés	Parcours de sortie de la prostitution – violences faites aux femmes – commissions départementales de lutte contre la prostitution, le proxénétisme et la traite des êtres humains aux fins d'exploitation sexuelle. Autorisation provisoire de séjour.
Classement thématique	Droits des femmes

Chapitre 3

Texte(s) de référence	Loi n° 2016-444 du 13 avril 2016 visant à renforcer la lutte contre le système prostitutionnel et à accompagner les personnes prostituées. Décret n° 2016-1467 du 28 octobre 2016 relatif au parcours de sortie de la prostitution et d'insertion sociale et professionnelle et à l'agrément des associations participant à son élaboration et à sa mise en œuvre. Décret n° 2020-1545 du 9 décembre 2020 relatif à l'organisation et aux missions des directions régionales de l'économie, de l'emploi, du travail et des solidarités, des directions départementales de l'emploi, du travail et des solidarités et des directions départementales de l'emploi, du travail, des solidarités et de la protection des populations
Circulaire / instruction abrogée	« Néant »
Circulaire / instruction modifiée	« Néant »
Rediffusion locale	« Néant ».
Document opposable	Oui
Déposée sur le site Légifrance	Oui
Publiée au BO	Non
Date d'application	Immédiate

La loi n°2016-444 du 13 avril 2016 visant à renforcer la lutte contre le système prostitutionnel et à accompagner les personnes prostituées a conforté l'engagement abolitionniste de la France en matière de prostitution, prenant en compte le phénomène dans sa globalité : lutte contre le proxénétisme, renforcement de la prise en charge des victimes de prostitution, de proxénétisme ou de traite des êtres humains aux fins d'exploitation sexuelle, mesures de prévention, interdiction de l'achat d'acte sexuel.

La prévention et la lutte contre la prostitution s'inscrivent désormais à part entière dans le champ de la politique publique de lutte contre les violences faites aux femmes.

Un parcours de sortie de la prostitution et d'insertion sociale et professionnelle est ainsi proposé à toute personne victime de prostitution, de proxénétisme ou de traite des êtres humains aux fins d'exploitation sexuelle qui manifeste son souhait de sortir de la prostitution et de s'inscrire dans ce parcours.

La commission départementale de lutte contre la prostitution, le proxénétisme et la traite des êtres humains aux fins d'exploitation sexuelle, présidée par le représentant de l'Etat, a ainsi pour mission de mettre en œuvre la politique départementale en la matière, et d'examiner les demandes d'engagement dans un parcours de sortie de la prostitution qui lui sont soumises.

Une évaluation de mise en œuvre de la loi (par une inspection conjointe IGA-IGA-IGJ) a été rendue publique fin juin 2020 et pointe notamment le constat, pour le volet social de la loi, d'une mise en œuvre inégale sur les territoires.

C'est le cas tant pour la mise en place des commissions départementales de lutte contre la prostitution, le proxénétisme et la traite des êtres humains aux fins d'exploitation sexuelle, la mise en œuvre des parcours de sortie de la prostitution que la délivrance des titres de séjour, notamment de l'autorisation provisoire de séjour.

C'est pourquoi, ont été organisées successivement une réunion interservices des ministères concernés par les différents volets de la loi et la réunion du comité de suivi de la loi du 13 avril 2016, le 15 mars dernier. Ces différents temps d'échanges ont conduit à penser qu'un nouvel élan à la loi était nécessaire en visant aussi bien une généralisation qu'une harmonisation des dispositifs.

1/ Installation et fonctionnement des commissions départementales de lutte contre la prostitution, le proxénétisme et la traite des êtres humains aux fins d'exploitation sexuelle

Cette commission, placée sous votre autorité, a ainsi pour mission de mettre en œuvre une stratégie départementale en la matière, et d'examiner les demandes d'engagement dans un parcours de sortie de la prostitution (PSP) qui lui sont soumises.

Sa mise en place a connu une montée en charge significative depuis 2017. Ainsi, au 1er janvier 2021, 80 commissions départementales ont été installées sous votre autorité (62 au 01/03/2019 et 75 au 01/03/2020).

1.1 Installation d'une commission départementale de lutte contre la prostitution, le proxénétisme et la traite des êtres humains aux fins d'exploitation sexuelle

Il importe en 2021 d'achever le déploiement de ce dispositif dans les 20 départements non couverts à ce jour. En effet, dans les départements où une commission a été installée son utilité a fait ses preuves, notamment en dynamisant le partenariat, le partage de culture, la mise en œuvre optimale de demandes de PSP tout en contribuant à un maillage territorial plus efficient.

1.2 Composition de la commission départementale
L'article R. 121-12-7 du CASF précise la composition de la commission départementale de lutte contre la prostitution, le proxénétisme et la traite des êtres humains aux fins d'exploitation sexuelle.

Le décret n° 2020-1545 du 9 décembre 2020 relatif à l'organisation et aux missions des directions régionales de l'économie, de l'emploi, du travail et des solidarités, des directions départementales de l'emploi, du travail et des solidarités et des directions départementales de l'emploi, du travail, des solidarités et de la protection des populations dispose en son article 24 II : - *Au sein des commissions à caractère consultatif comportant une proportion fixe ou minimale de représentants de l'administration de l'Etat, les représentants des directions et unités départementales exerçant, jusqu'à l'entrée en vigueur du présent décret, les missions mentionnées aux articles 4 et 5 du décret du 3 décembre 2009 susvisé [politiques de cohésion sociale, de développement de l'emploi, d'insertion sociale et professionnelle, de l'accès et du maintien dans le logement et du travail] sont remplacés, en nombre égal, par des représentants des directions mentionnées à l'article 2 de ce même décret [DDETS].*

Pour les départements d'outre-mer, sont concernées les directions de l'économie, de l'emploi, du travail et des solidarités (DEETS). Aussi, tant le directeur départemental de la cohésion sociale (DDCS) ou son représentant que le directeur de l'unité départementale (UD) de la DIRECCTE ou son représentant sont remplacés en nombre égal, sans qu'il soit nécessaire de modifier le décret, par des représentants de la DDETS ou de la DEETS.

Un modèle de composition de la commission intégrant ces modifications est joint en annexe.

1.3 Formation des membres de la commission départementale

S'agissant des membres des nouvelles commissions ou des nouveaux membres des commissions existantes, vous veillerez à ce qu'ils bénéficient d'une session de sensibilisation ou de formation à la problématique de la prostitution. Cette formation sera assurée par une association agréée au niveau national, régional ou départemental.

2/ Prise en charge des victimes de la prostitution

L'accompagnement social repose sur un projet d'insertion sociale et professionnelle, élaboré par l'association avec la personne concernée à l'issue d'une évaluation de ses besoins sanitaires, sociaux et professionnels. Actuellement, 119 associations ont été agréées pour la mise en œuvre du parcours de sortie de la prostitution.

2.1 Augmenter le nombre de parcours de sortie de la prostitution pour l'accompagnement des victimes

Le parcours de sortie vise à proposer un accompagnement global de la personne en fonction de la diversité de ses besoins (logement, hébergement, accès aux soins, accès aux droits, action d'insertion sociale et professionnel) et s'appuie sur des actions de droit commun.

Outre l'accompagnement assuré par les associations agréées, la personne engagée dans un parcours de sortie de la prostitution peut se voir ouvrir des droits spécifiques sous réserve qu'elle satisfasse aux conditions exigibles, à savoir l'autorisation provisoire de séjour visée à l'article L.425-4 du CESEDA, et l'aide financière à l'insertion sociale et professionnelle (AFIS) prévue aux articles R. 121-12-13-1 et suivants du CASF.

Le parcours de sortie de la prostitution (PSP) est un dispositif qui a fait ses preuves.

Ainsi, sur les 161 PSP terminés, 95 % des personnes sortent du parcours avec une formation, un emploi et un logement, à l'issue de la période des 24 mois prévue par les textes.

Toutefois, si 80 départements ont installé une commission départementale, 48 seulement ont engagé des parcours de sortie de la prostitution (PSP) en faveur des victimes. Depuis 2017, 564 personnes ont bénéficié d'un PSP dont 403 parcours en cours au 1er janvier 2021.

Il s'agit donc de favoriser le développement des PSP en portant une attention soutenue aux demandes présentées par les associations agréées en conformité avec les conditions d'accès audit parcours.

Pour ce faire, vous veillerez à réunir, à périodicité régulière, la commission départementale afin d'examiner toutes les demandes de PSP recevables.

2.2 La délivrance et le renouvellement de l'autorisation provisoire de séjour (APS)

Pour rappel, l'article L.425-4 du CESEDA prévoit qu'une APS d'une durée de six mois peut être délivrée, sauf si sa présence constitue une menace pour l'ordre public, à l'étranger victime de la traite des êtres humains aux fins d'exploitation sexuelle ou de proxénétisme, qui a cessé l'activité de prostitution et qui a été autorisé à s'engager ou à poursuivre un parcours de sortie de la prostitution et d'insertion sociale et professionnelle.

La délivrance de cette APS n'est pas soumise à la présentation d'un visa de long séjour et permet l'exercice d'une activité professionnelle.

Le manque d'harmonisation dans l'application de ces dispositions tant en ce qui concerne les critères et pièces justificatives demandées par les services des titres de séjour des préfectures que les délais de décision ou de délivrance a été noté par la mission inter inspection.

Vous veillerez donc à une bonne application des dispositions du code de l'entrée et du séjour des étrangers et du droit d'asile (CESEDA) rappelées en annexe 7a2.

> NOTA :
>
> -La circonstance que le demandeur ait fait l'objet d'une obligation de quitter le territoire français (OQTF) antérieure ne fait pas obstacle à l'examen d'une demande d'APS à la suite de son engagement dans le parcours de sortie de prostitution. Vous veillerez toutefois à vérifier que l'OQTF n'ait pas été fondée sur le motif de la menace ou du trouble à l'ordre public.
>
> - Le demandeur d'asile peut solliciter son entrée dans le parcours de sortie de prostitution sous couvert d'une attestation de demandeur d'asile. Vous ne lui délivrerez alors pas d'APS. Dans l'hypothèse où il se verrait refuser le bénéfice de la protection internationale à l'issue de l'examen de sa demande d'asile, l'intéressé pourra alors bénéficier de l'APS sous réserve d'être toujours inséré dans ce parcours de sortie de prostitution.

2.3 Examen du droit au séjour à l'issue du parcours de sortie de la prostitution

S'agissant du ressortissant étranger autorisé pendant vingt-quatre mois consécutifs à suivre un PSP, ayant respecté les engagements y figurant et dont l'APS a été régulièrement renouvelée, vous examinerez, dans le cadre de votre pouvoir d'appréciation et afin de lui permettre de poursuivre son insertion sociale et professionnelle en France si son droit au séjour peut être maintenu au moyen d'une carte de séjour temporaire.

De même que s'agissant de l'APS, et dans le souci d'éviter les ruptures de droit, vous veillerez à ce que l'autorisation de séjour soit délivrée dans les meilleurs délais possibles, pour permettre notamment la signature du contrat d'intégration républicaine des publics éligibles, lequel donne accès à un socle de formations linguistique et civique, de conseils et d'orientation vers les services de proximité utiles (santé, formation, emploi, garde d'enfants…).

Monsieur Gérald DARMANIN
Ministre de l'Intérieur

signé

Madame Elisabeth MORENO
Ministre déléguée auprès du
Premier ministre chargée de l'égalité entre
les femmes et les hommes, de la diversité
et de l'égalité des chances

signé

Madame Marlène SCHIAPPA
Ministre déléguée auprès du ministre de l'Intérieur,
Chargée de la citoyenneté

signé

DOCUMENT N° 11 — **Courrier d'élus**

Monsieur les Maires de X-Ville, Z-Ville, A-Ville, E-Ville, I-Ville, intercommunalité de W-Ville

X-Ville, le 5 septembre 2023

Monsieur Zimbo,

Vous êtes le gérant de plusieurs établissements de nuit sur le département, dont le bar « le Zébulon » ainsi que le club « le Zanzibar », situés sur la commune de X-ville et plus particulièrement la zone d'activité du secteur des bûcherons sur le territoire de W-Ville.

L'amplitude horaire ainsi que le secteur géographique font de ces établissements des lieux particulièrement prisés des noctambules du département et de nos communes.

Or, il nous remonte depuis quelques semaines des troubles à la tranquillité publique qui seraient provoqués par des dysfonctionnements liés à l'activité de vos établissements. Vous le constaterez vous-même au moyen des clichés photographiques joints à ce courrier : le grillage défectueux de vos parkings, le nombre insuffisant d'agents de sécurité ainsi que la faiblesse relative de l'éclairage sur les arrières de vos établissements seraient notamment la cause d'une porosité entre la clientèle de ces derniers, contrôlée et filtrée à l'entrée, et une population extérieure aux abords directs indésirable, aux activités illicites.

En effet, nous avons reçu des témoignages de la présence de dealers et de prostituées sur le secteur, profitant notamment de l'absence de délimitation et de contrôle de la partie arrière de votre établissement. Ce constat est prégnant en lisière du bois de Lutin.

Nous vous prions de prendre toutes les dispositions nécessaires en votre qualité de responsable de ces établissements afin d'assurer la protection de la clientèle et de veiller à la prévention de trouble à l'ordre public lors de leur exploitation.

Sincères salutations,

DOCUMENT N° 12 : **Statistiques sur la délinquance locale**

Tableau statistique Sous-préfecture de X-Ville

Types d'infractions/ secteurs géographiques	Alouettes	Bûcherons	Colonnades	Périgonds	Tannins
Nombre achat acte sexuel (entre 14 avril 2019 et 14 avril 2020)	2	20	0	0	0
Nombre délit de racolage (entre 14 avril 2019 et 14 avril 2020)	32	3	0	1	0

* Proposition de corrigé, qui constitue un nouvel exemple d'application du plan d'action et des éléments de langage.

SOUS-PRÉFECTURE DE X
LE SECRÉTAIRE GÉNÉRAL

X Ville, le (date de rédaction de votre copie)

Le Secrétaire général
à
M. le Sous-préfet

Objet : Prostitution sur le ressort de la Sous-préfecture de X :
Présentation de la situation et plan d'action.

Environ 300 000 personnes sont actuellement prostituées en France. La majorité de ces personnes sont des femmes étrangères. La prostitution engendre différents troubles à l'ordre public parmi lesquels des nuisances sonores et de la violence, en particulier sur les travailleurs du sexe. Notre département, et notamment le ressort territorial de la Sous-préfecture, n'est pas épargné par ce phénomène qui inquiète considérablement de nombreux élus.

Plusieurs textes normatifs sont venus depuis quelques années renforcer la lutte contre le système prostitutionnel en modifiant la réponse pénale à la prostitution. Ces textes s'accompagnent de dispositifs visant à prendre en charge les personnes prostituées et favoriser leur réinsertion.

La présente note vise à présenter la situation dans le département (I) et proposer un plan d'action global pour répondre concrètement aux enjeux locaux de ce phénomène (II).

I) Les évolutions législatives relatives à la prostitution ne sont pas parvenues à réduire l'ampleur du phénomène sur le ressort de la Sous-préfecture de X-VILLE

A) Les évolutions législatives

Tout d'abord, les évolutions législatives impactent le traitement judiciaire des affaires de prostitution. La loi du 13 avril 2016 visant à renforcer la lutte contre le système prostitutionnel et à accompagner les personnes prostituées. Elle a abrogé le délit de racolage et créé l'infraction d'achat d'acte sexuel sanctionnée d'une contravention de cinquième classe (article 611-1 du CP). Cette peine principale s'accompagne de peines complémentaires comprenant un stage de sensibilisation à la lutte contre l'achat d'actes sexuels, créé par la loi. Cette même loi aggrave les peines en cas de violences, de viols et d'agressions sexuelles contre les personnes prostituées.

Du point de vue de la procédure pénale, les associations peuvent se constituer partie civile (article 2-22 CPP), et les victimes décidant de témoigner à la manifestation de la vérité sont protégées. (article 706-40-1 du CPP).

Ensuite, les évolutions législatives visent également à renforcer l'accompagnement et la réinsertion des personnes prostituées. En effet, la loi de 2016 créée un parcours de sortie de la prostitution (PSP) et d'insertion sociale et professionnelle ouvrant des droits, notamment financiers, aux personnes étrangères.

Les associations contribuent à l'élaboration du PSP. Par ailleurs, le décret du 28 octobre 2016 prévoit la mise en place d'une commission départementale de lutte contre la prostitution, le proxénétisme et la traite des êtres humains aux fins d'exploitation sexuelle. Elle permet la coordination des actions en faveur des personnes prostituées et rend un avis sur les PSP proposés par les associations.

B) Les évolutions présentent des difficultés de mise en œuvre impactant l'efficacité des dispositifs comme le démontre la situation actuelle sur le ressort de la X-VILLE

La répression des clients nécessite un temps de surveillance considérable et est donc coûteuse en personnels. Dans un contexte de tensions des effectifs, cette disposition est donc difficile à mettre en œuvre.

On constate toutefois qu'entre le 14 avril 2019 et le 14 avril 2020, 22 achats d'actes sexuels ont été réprimés sur le ressort de la Sous-préfecture. Ils sont majoritairement recensés sur le secteur des Bûcherons qui mérite une réponse opérationnelle de police à court terme.

En dépit des efforts des effectifs de police du département, ces infractions ne sont pas nécessairement suivies par des poursuites judiciaires du fait de la réticence de certains magistrats.

En outre, l'application de ces dispositions a fait émerger de nouvelles problématiques. En effet, les travailleurs du sexe ont vu leur revenu diminuer et le comportement des clients évoluer. Ces derniers stressés par l'éventuelle répression se montrent davantage agressifs et imposent des tarifs peu élevés ou des conditions sanitaires dégradées.

Ainsi, la précarisation des travailleurs du sexe et l'augmentation des agressions sexuelles impactent considérablement l'ordre public du secteur. Un collectif d'élus a déjà pris contact avec certains gérants d'établissements de nuit afin qu'ils prennent les dispositions nécessaires à la prévention de troubles à l'ordre public.

Cependant, cette coopération ne peut s'envisager que dans une dimension partenariale avec les autres acteurs de l'État ainsi que le tissu associatif local.

II) **La réduction pérenne de la prostitution sur le territoire de la Sous-préfecture ne peut s'envisager que dans une dimension partenariale avec les autres acteurs institutionnels et les associations.**

A) Une collaboration étroite à l'échelle du département est nécessaire pour intensifier les contrôles et le suivi judiciaire

– La commission départementale est un échelon intéressant pour évoquer les problématiques des secteurs visés par la prostitution puisqu'elle réunit tous les acteurs du département concerné. Il serait notamment pertinent d'évoquer le traitement judiciaire des infractions d'acte d'achat sexuel avec le magistrat ou son représentant. Le dispositif, pour être suffisamment dissuasif, doit être accompagné d'une répression certaine. C'est aussi l'opportunité d'échanger au sein de cette instance entre les différents acteurs sur les bonnes pratiques à mettre en œuvre.

La réunion mensuelle avec les élus, comme celui des bûcherons, permettra d'apporter une réponse opérationnelle à court terme, en la présence des élus concernés.

Les forces de l'ordre doivent mener des opérations coordonnées sur le terrain avec la Police municipale afin d'accroître la visibilité, toujours dissuasives à l'égard de ce genre d'infractions. À moyen et long terme, les effectifs de la Gendarmerie nationale pourront judicieusement être associés à ceux de la Police nationale dans des opérations coordonnées d'envergures sur différents points du secteur. Ce serait en outre l'occasion de médiatiser l'action résolue des pouvoirs publics en lien avec l'autorité préfectorale sur le terrain.

La priorité opérationnelle aux effectifs de nuit peut être donnée à l'action d'accentuer les contrôles sur les secteurs Alouettes et Bûcherons puisque les infractions relevées se concentrent essentiellement sur ces territoires.

Par ailleurs, les systèmes de vidéosurveillance des villes pourraient aider à la mise en place d'une stratégie coordonnée entre les différents services de sécurité.

Il a néanmoins été constaté, au niveau national, que la répression des auteurs d'achat d'acte sexuel ne s'accompagne pas nécessairement d'une diminution de la violence.

Dans un premier temps, la Sous-préfecture pourrait ainsi judicieusement collaborer avec les associations engagées dans l'accompagnement et la réinsertion des travailleurs du sexe. Le relais partenarial pourrait être étendu aux maires, dans un second temps.

B) Un partenariat durable avec les associations du secteur engagées dans l'accompagnement et la réinsertion des travailleurs du sexe est essentiel à la réponse opérationnelle globale

À court terme, la Sous-préfecture, en lien avec les services de police et de gendarmerie, doit tenir un répertoire des associations locales dédiées à ce sujet. Cela permettrait une étroite collaboration entre les services de l'État et les associations sur ces affaires permettant une meilleure prise en charge des victimes pendant les auditions et le début d'un parcours d'accompagnement et de réinsertion, faisant diminuer la prostitution sur le département à long terme. Les mairies, services départementaux, services sociaux et commissariats doivent également détenir les prospectus d'informations du public sur le maillage associatif existant.

Le but est de créer une synergie préventive vertueuse entre les différents acteurs, qui nécessitent de s'identifier, se connaître puis œuvrer communément dans cet objectif de réduction de la prostitution.

Une sensibilisation, voire une formation de tous les interlocuteurs, notamment ceux de l'État, serait à envisager afin de pérenniser le dispositif. Un module en e-learning sur les intranets des services administratifs pourrait être la formule adéquate permettant à chacun de se former sur un créneau horaire favorable. À court terme, les services de communication peuvent déposer sur l'intranet du contenu informatif à ce sujet. (Vocabulaire, principales infractions, contacts associatifs).

Enfin, ce partenariat durable avec les associations pourrait faire l'objet d'une communication dans la presse locale pour informer les riverains, améliorer l'attractivité de X-VILLE et ainsi rassurer les élus locaux.

Le nouveau cadre législatif réforme le traitement judiciaire de la prostitution et renforce l'accompagnement et la réinsertion des travailleurs du sexe.

Afin de faire cesser les troubles à l'ordre public liés à ce phénomène au sein du ressort territorial de la Sous-préfecture, il convient de renforcer la collaboration opérationnelle entre tous les acteurs locaux concernés. La Sous-préfecture tient un rôle central et menant dans ce processus.

Le Secrétaire général

Annexe 1 : La note d'ambiance

Le Préfet du département de X

à

M. le Ministre de l'Intérieur

X-ville le…

Objet : Note d'ambiance sur la recrudescence du phénomène prostitutionnel sur le département de X.

Le département de X est actuellement confronté à une augmentation substantielle de la prostitution. Cela se constate tant sur le volet répressif, par la hausse des infractions relevées depuis le début de l'année, que sur le volet préventif, par un recours accru au maillage associatif de la part des travailleurs du sexe. Cette situation n'est pas sans créer des troubles à l'ordre public qui impactent directement l'économie, notamment nocturne. Les élus sont particulièrement inquiets, ils le font savoir.

1° les points positifs de la réforme induite par la loi du 13 avril 2016 :

– les clients peuvent faire l'objet d'une répression directe et facilement applicable,
– la création de commissions départementales afin de renforcer la prévention à l'égard des travailleurs du sexe

2° les points actuellement défaillants

– phénomène ancien qui tend à être banalisé : il concerne des milliers de personnes sur le département et 300 000 en France,
– incompréhension quant à l'objectif global recherché suite au revirement législatif de la répression du travailleur du sexe (délit de racolage) à celui du client,

– l'arsenal préventif créé par la loi du 13 avril 2016 est insuffisamment usité : il est peu connu et le sujet présente une certaine gêne
– les secteurs où s'installe la prostitution sont systématiquement des zones où la délinquance s'accroît, cela présente un trouble à l'ordre public certain, difficile à maîtriser.

Les élus réclament une intervention pour équilibrer l'arsenal répressif, certains vont même jusqu'à proposer la réinstauration de maisons closes en périphérie des villes, comme cela se fait dans plusieurs pays européens. L'avantage serait de pouvoir contrôler le phénomène et encadrer ses travailleurs.

Une intervention du ministère sur le dispositif de prévention pourrait s'avérait judicieux, tant le potentiel existant paraît méconnu et non utilisé par les différents acteurs de ce dossier.

Tels sont les éléments que je souhaitais porter à votre connaissance.

Le Préfet de X.

CHAPITRE 4 : Réussir l'épreuve de questions à choix multiples

L'épreuve de QCM

Il s'agit de la seconde épreuve d'admissibilité, la durée est de 1 h 30, le coefficient de 02.

Les candidats des trois concours auront à traiter un questionnaire à choix multiples visant à vérifier les connaissances du candidat en matière de culture administrative et juridique, de finances publiques, d'organisation, de fonctionnement et de politiques des institutions européennes et de culture numérique, ainsi que son aptitude à la décision par le biais, le cas échéant, de mise en situation.

L'arrêté du 28 mars 2019 fixant les règles d'organisation du concours précise que cette épreuve « *comprends un nombre maximal de 120 questions, dont les deux tiers au plus relèvent de la culture administrative et juridique et des finances publiques.* »

Un programme de l'épreuve est délivré par l'annexe I de l'arrêté.

Vous disposez d'une heure trente minutes pour effectuer un questionnaire de 120 questions maximum.

Au début de l'épreuve, vous allez donc avoir sur la table un seul document : les questions sont numérotées de 01 à 120.

Vous devez rapporter vos réponses directement sur le document fourni en cochant la case « A », « B » ou « C ». **Il ne peut y avoir de piège puisqu'une seule réponse par question est correcte.**

Le barème est le suivant :
* +1 point pour une réponse intégralement juste,
* 0,5 point pour une réponse fausse,
* 0 point en cas d'absence de réponse.

Contrairement aux idées reçues, l'épreuve n'est pas facile. Les pièges sont nombreux. Vous avez moins d'une minute à consacrer à chaque question, voilà la réelle difficulté de l'épreuve.

Cette épreuve doit d'être préparée avec grand soin, compte tenu de sa très grande sélectivité.

Le jury rappelle que toute note inférieure à 5 sur 20 est éliminatoire.

L'analyse du rapport du jury de l'IRA de Lille pour la session 2023 est édifiante : 30,7 % des candidats de la voie externe ont obtenu une note éliminatoire, 29,9 % pour les candidats de la voie interne et 38,2 % pour les candidats du 3e concours.

Assurez-vous dès maintenant de maîtriser cette épreuve afin de ne pas être éliminé. Vos chances d'être admissible sont alors importantes.

– 1 ère recommandation stratégique : Notez bien que vous perdez des points en cas de mauvaise réponse, il est donc absolument essentiel de ne pas répondre systématiquement aux 120 questions.

Il s'agit de votre objectif prioritaire, peu importe votre niveau ou votre connaissance des questions.

Vous abordez cette épreuve en vous intimant de ne pas remplir une réponse aux 120 questions quoi qu'il arrive.

Une mauvaise réponse coûte un retrait de 0,5 point. Il est donc même possible de finir en négatif à cette épreuve.

- **2e recommandation stratégique :** Je vous recommande de prendre le questionnaire dans l'ordre de 01 à 120 dès la remise du sujet et de parcourir toutes les questions, **en ne répondant qu'à celle dont vous êtes certain de la réponse**.

Vous mettez un petit tiret sur le côté de chaque question où vous n'êtes pas certain de la réponse, et pour lesquelles vous ne remplissez rien dans un premier temps.

Une fois arrivée à la dernière question, regardez votre montre. Vous avez atteint votre objectif prioritaire : rendre copie avec une réponse sur toutes les questions en votre connaissance.

Vous n'avez alors que peu de chance de perdre des points.

Il vous reste à utiliser le temps restant pour revenir sur les questions pour lesquelles vous n'avez initialement pas apporté de réponses.

Vous reprenez alors chaque question marquée d'un tiret et prenez le temps de la réflexion. Vous décidez alors d'y apporter une réponse ou non. En termes de stratégie de concours, il est évident que si vous avez laissé de côté plus de la moitié des questions, il sera nécessaire de prendre un minimum de risques sur quelques questions supplémentaires. Il n'est pas concevable de ne pas répondre à au moins 70 questions sur les 120.

Cette méthode a un avantage considérable. Si le temps s'arrête et que vous n'avez pas eu le temps de revenir sur chacune des questions sur lesquelles vous avez laissé un tiret distinctif, vous êtes d'ores et déjà certain d'avoir coché une réponse à toutes les questions dont vous pensez être sûr de la réponse. Au contraire, le candidat qui passe trop de temps sur chaque question et qui ne finit pas est certain d'avoir perdu des points, ce qui n'est pas envisageable sur votre chemin vers le succès à ce concours.

Un simple calcul vous donne le temps à passer sur chaque question afin de traiter les 120 : 90 minutes d'épreuve pour 120 questions. Vous disposez donc au maximum de 45 secondes par question.

Les épreuves de questionnaires à choix multiples (QCM) sont corrigées de façon automatisée au niveau national pour tous les IRA.

Tous concours confondus, le volume de mauvaises réponses ou de non-réponses aux thématiques relatives à l'organisation, au fonctionnement et politiques des institutions européennes et aux finances publiques est préoccupant, selon le jury, et les mauvais résultats encore plus significatifs en la matière pour la voie interne et le 3e concours.

Il s'agit d'une épreuve de connaissances qui avantage les candidats qui ont préparé cette épreuve et se sont entraînés à la technique du QCM.

Le questionnaire à choix multiples vise à vérifier les connaissances des candidats en matière de culture administrative et juridique, de finances publiques, d'organisation, de fonctionnement et de politiques des institutions européennes et de culture numérique.

Le jury mentionne, dans son rapport annuel, que « *la faiblesse de certaines notes correspond à la fois à une insuffisance de connaissances dans les domaines questionnés, à une stratégie de réponse ou paradoxalement à des candidats qui ont fait le choix de répondre à un maximum de questions même s'ils n'en connaissaient pas les réponses.* »

Un socle minimal de savoirs est attendu qui témoigne d'un intérêt pour les futures fonctions d'attaché et plus généralement pour la fonction publique et l'action publique.

L'ensemble du programme défini doit être travaillé et les candidats doivent s'entraîner à gérer correctement la durée de l'épreuve et se mettre en capacité de traiter l'ensemble du QCM.

Vous êtes prêt ?

Top départ, voici 120 questions pour vous entraîner. Les réponses sont données à la fin de chapitre.

* Culture administrative et juridique

1) Parmi les propositions suivantes, quelle autorité dispose du pouvoir de police administrative générale ? :

a) le député

b) le ministre des armées

c) le maire

2) Vous êtes un(e) fonctionnaire du ministère de l'enseignement supérieur, de la recherche et de l'innovation mis(e) à disposition d'un établissement public de santé. À ce titre, vous :

a) êtes rémunéré(e) par votre administration d'origine

b) êtes rémunéré(e) par votre organisme d'accueil

c) bénéficiez d'une rémunération versée à parts égales par votre administration d'origine et par votre organisme d'accueil

3) Dans quelle partie du territoire français continue à s'appliquer le régime concordataire de 1801 régissant les relations entre les religions et l'État ?

a) La Nouvelle-Calédonie

b) La Polynésie française

c) L'Alsace-Moselle

4) L'intercommunalité désigne :

a) la fusion de cinq communes

b) la coopération entre commune au sein d'un établissement public de coopération intercommunale

c) la commission qui exerce la tutelle d'une commune ayant des problèmes de gestion

5) La transparence administrative trouve son origine :

a) dans la loi du 12 avril 2000 relative aux droits des citoyens dans leurs relations avec les administrations

b) dans le décret du 28 novembre 1983 concernant les relations entre l'administration et les usagers

c) dans la loi du 17 juillet 1978 portant diverses mesures d'amélioration des relations entre l'administration et le public

6) Le sigle « 3DS » du projet de loi ainsi nommé signifie :

a) déconcentration, décentralisation, décomplexification et simplification

b) différenciation, décentralisation, déconcentration et simplification

c) décentralisation, développement durable, simplification

7) Vous êtes en poste au sein d'un pôle d'appui juridique en région du ministère de l'Intérieur. Un agent de préfecture souhaite anticiper la survenance d'un recours contre un arrêté préfectoral de déclaration d'utilité publique en vue de l'expropriation d'un bien privé, et vous demande de quel ordre de juridiction relèverait ce contentieux, le cas échéant. Que lui indiquez-vous ? :

a) Le contentieux relève de la juridiction administrative

b) Le contentieux relève de la juridiction judiciaire

c) Le Tribunal des conflits doit être saisi pour régler cette question de compétence

8) Qui exerce traditionnellement la présidence du Conseil d'État ?

a) Le secrétaire général du Gouvernement

b) Le vice-président du Conseil d'État

c) Le Premier ministre

9) En poste dans un rectorat, votre hiérarchie vous demande comment justifier un refus de communiquer un document administratif. Vous lui indiquez que c'est possible lorsque :

a) la personne concernée n'est pas un ressortissant français

b) il n'y a pas d'intérêt à agir

c) le document est préparatoire à une décision qui n'a pas encore été prise

10) L'administration ne peut abroger ou retirer une décision créatrice de droits que si cette décision est :

a) illégale, et si le retrait intervient dans le délai de quatre mois suivants la prise de cette décision

b) illégale

c) illégale, et si le retrait intervient dans le délai de deux mois suivants la prise de cette décision

11) Laquelle de ces institutions est une autorité administrative indépendante :

a) la commission du contentieux du stationnement payant

b) la Haute autorité pour la transparence de la vie publique

c) l'Office national des forêts

12) la notion juridique de voie de fait désigne une action de l'administration qui porte atteinte :

a) soit au droit de propriété, soit à une liberté fondamentale

b) uniquement à une liberté fondamentale

c) uniquement au droit de propriété

13) En tant que fonctionnaire, vos garanties fondamentales sont fixées par :

a) la Constitution

b) la loi

c) le décret

14) Un décret délibéré en Conseil des ministres est pris par :

a) le Président de la République

b) le Premier ministre

c) le ministre compétent

15) Avant d'être inscrites dans le statut général des fonctionnaires par la loi du 20 avril 2016 relative à la déontologie et aux droits et obligations des fonctionnaires, les obligations de dignité, d'impartialité, d'intégrité et de probité étaient :

a) consacrées par des dispositions d'ordre réglementaire

b) portées par le droit européen

c) consacrées par le juge administratif

16) Quelles sont les sanctions disciplinaires du premier groupe applicables au fonctionnaire titulaire ? :

a) L'avertissement, le blâme et l'exclusion temporaire de fonctions de 1 à 3 jours

b) L'avertissement, le blâme, l'abaissement d'échelon à l'échelon immédiatement inférieur à celui détenu par le fonctionnaire et l'exclusion temporaire de fonctions de 4 à 15 jours

c) L'avertissement, le blâme, la radiation du tableau d'avancement et la révocation

17) Quelle juridiction est compétente en matière de contentieux de la fonction publique ?

a) La juridiction prud'homale

b) La juridiction administrative

c) La juridiction judiciaire

18) Vous êtes, en tant que fonctionnaire :

a) titularisé dans un emploi donnant une possibilité d'avancement à divers niveaux de responsabilité

b) titularisé dans un grade donnant vocation à occuper des emplois correspondant à un certain niveau de responsabilité

c) titulaire de votre grade et de votre emploi correspondant à un certain niveau de responsabilité

19) En tant que fonctionnaire de l'État, vous pouvez percevoir des indemnités liées à votre statut et, le cas échéant, des indemnités liées à votre manière de servir, dont :

a) l'indemnité de formation, de spécialisation et d'engagement

b) l'indemnité de fonctions, de sujétion et d'expertise

c) le complément indemnitaire annuel

20) Vous êtes chef de service dans une direction régionale de l'environnement, de l'aménagement et du logement. L'un des ingénieurs des travaux publics de l'État vous informe vouloir travailler sur une mission de trois années, pour un bureau d'étude privé n'exerçant pas de mission de service public. L'agent va donc solliciter une position de :

a) mise à disposition

b) détachement

c) disponibilité

21) Depuis le 1er février 2020, quelle instance effectue les contrôles déontologiques des agents publics de l'État ? :

a) La commission de déontologie de la fonction publique

b) La Haute Autorité de transparence de la vie publique

c) Le Conseil supérieur de la fonction publique de l'État

22) Les sanctions disciplinaires applicables aux fonctionnaires se répartissent :

a) en quatre groupes, par ordre décroissant de sévérité

b) en quatre groupes, par ordre croissant de sévérité

c) en cinq groupes, par ordre croissant de sévérité

23) Vous êtes chef de service. Vous constatez qu'un fonctionnaire chargé de l'accueil du public distribue au guichet des tracts politiques. À votre avis, cet agent enfreint-il une obligation déontologique ? :

a) Non, car tout fonctionnaire bénéficie de la liberté d'opinion

b) Oui, car une obligation de neutralité s'impose à tout fonctionnaire dans l'exercice de ses fonctions

c) Oui, car une obligation de probité s'impose à tout fonctionnaire

24) L'accident survenu durant le temps et sur le lieu du service est :

a) reconnu imputable au service lorsque l'agent en apporte la preuve

b) présumé imputable au service

c) présumé imputable au service en l'absence de faute personnelle

25) Vous êtes un agent en situation de handicap et souhaitez bénéficier de la reconnaissance de la qualité de travailleur handicapé (RQTH). Auprès de qui devez-vous déposer votre demande ?

a) La maison départementale des personnes handicapées (MDPH) de votre lieu de résidence

b) La médecine du travail de votre administration

c) Le référent handicap de votre administration

26) En tant qu'agent public, vous pouvez user de votre droit de retrait lorsque :

a) vous avez un motif raisonnable de penser que vous vous trouvez exposé à un danger grave et imminent pour votre vie ou votre santé et/ou vous constatez une défectuosité dans les systèmes de protection

b) vous avez sollicité par écrit l'usage de ce droit à votre chef de service en motivant cette demande sans condition particulière

c) vous avez sollicité par écrit l'usage de ce droit à votre chef de service en motivant cette demande par un risque pour votre qualité de vie au travail, localisé sur votre lieu de travail

27) Vous êtes attaché d'administration de l'État. À ce titre, en tant que fonctionnaire, vous pouvez être placé dans :

a) cinq positions administratives : activité, détachement, disponibilité, congé parental ou mise à disposition

b) quatre positions administratives : activité, détachement, disponibilité ou congé parental

c) trois positions administratives : activité, détachement ou disponibilité

28) Un fonctionnaire travaillant sous votre autorité vous demande s'il peut s'absenter pour participer à une campagne électorale car il se présente à une élection politique locale. Que lui répondez-vous ? :

a) Un agent public se présentant à une élection politique bénéficie d'un nombre de jours d'autorisation d'absence plafonné pour pouvoir participer à la campagne électorale

b) Un agent public se présentant une élection politique bénéficie d'un nombre illimité de jours d'autorisation d'absence pour pouvoir participer à la campagne électorale

c) Aucune autorisation d'absence ne peut être accordée aux agents publics se présentant à une élection politique

29) Vous êtes le référent déontologue d'un établissement public. Un agent contractuel se présentant comme un lanceur d'alerte souhaite dénoncer un conflit d'intérêts concernant son supérieur hiérarchique. Vous lui indiquez que la protection du lanceur d'alerte dans la fonction publique :

a) ne s'applique pas aux agents contractuels

b) s'applique aux agents contractuels mais ne recouvre que la dénonciation des crimes et délits

c) s'applique aux agents contractuels et recouvre la dénonciation des crimes et délits ainsi que les conflits d'intérêts

30) Qu'est ce q'un glissement vieillesse technicité (GVT) positif ?

a) Une augmentation de la qualification des agents résultants d'un accroissement d'expérience dans la fonction publique

b) Un solde qui traduit l'augmentation de la masse salariale du fait de la progression des agents dans leurs grilles indiciaires

c) Une augmentation de la qualification des agents résultant d'un accroissement d'expérience sur des postes d'une même famille professionnelle au sein de la fonction publique

31) Que signifie le terme « LOPPSI » ?

a) Loi opérationnelle particulière pour la surveillance des incendies

b) Loi organique particulière pour la sécurité incendie

c) Loi d'orientation et de programmation pour la performance de la sécurité intérieure

32) Dans le cadre de la législation sur le non-cumul des mandats, quelle est la réponse juste ?

a) Un ministre peut être maire d'une grande ville de plus de 100 000 habitants

b) Un député peut être vice-président d'un conseil régional

c) Un maire d'une petite commune de moins de 1000 habitants peut présider un conseil départemental

33) De quelle autorité la politique de sécurité routière en France relève-t-elle ?

a) Du ministère de l'Intérieur

b) Du ministère des Transports

c) D'aucun ministère : c'est le délégué interministériel placé auprès du Premier ministre qui en assure le suivi

34) À quel ministère les collectivités territoriales sont-elles rattachées ?

a) Ministère de l'Intérieur

b) ministère de la Fonction publique

c) Ministère de la Justice

35) Pour être recevable, une proposition de loi doit :

a) être conforme aux orientations gouvernementales

b) avoir été examinée en commission des finances du Sénat

c) ne pas avoir pour conséquence soit une diminution des ressources publiques soit la création ou l'aggravation d'une charge publique

36) Le terme EMIZDS signifie :

a) État-major interministériel Zonal de Défense et de Sécurité

b) État-major Interzone de Défense et de Sécurité

c) État-major Interministériel de Zone de Défense et de Sécurité

37) Le préfet de région est :

a) Le plus ancien des préfets départementaux de la région concernée

b) Elu par les conseillers régionaux

c) Également préfet d'un département de la région concernée

38) La question prioritaire de constitutionnalité peut être utilisée par les collectivités territoriales depuis :

a) 2008

b) 2010

c) 2012

39) L'article 16 de la Constitution du 4 octobre 1958 :

a) introduit la question prioritaire de constitutionnalité

b) pose le principe du contrôle de légalité

c) régit les pouvoirs exceptionnels du Président de la République

40) Les hauts fonctionnaires de défense et de sécurité sont nommés par :

a) le conseil constitutionnel

b) circulaire ministérielle

c) décret

41) Combien y a-t-il d'étoiles sur le drapeau européen ?

a) 6

b) 28

c) 12

42) Le nombre de conseillers pour un ministre de plein exercice est, par principe, limité à :

a) 8 conseillers

b) 12 conseillers

c) 15 conseillers

43) Le Conseil constitutionnel est renouvelé par tiers :

a) tous les 3 ans

b) tous les 4 ans

c) tous les 5 ans

44) Quel est le plus haut niveau du plan Vigipirate ?

a) Sécurité renforcée

b) Risque attentat

c) Urgence attentat

45) Dans le cadre de la navette parlementaire, qui statue en dernier ressort en cas de désaccord entre les deux chambres ?

a) Le Conseil constitutionnel

b) Le Sénat

c) L'Assemblée nationale

46) M.Jacques Chirac a réalisé 2 mandats successifs comme Président de la République pendant combien d'années ?

a) 14

b) 12

c) 11

47) Le siège d'Interpol est situé à :

a) Milan

b) New York

c) Lyon

48) Quel texte a autorisé le droit de vote des femmes en France ?

a) La Constitution du 4 octobre 1958

b) L'ordonnance du 21 avril 1944

c) La Constitution du 27 octobre 1946

49) Combien existe-t-il de tribunaux administratifs en France ?

a) 100

b) 31

c) 42

50) Qui assure le secrétariat du Conseil des ministres ?

a) Le secrétaire général de la Présidence de la République

b) Le secrétaire général du Gouvernement

c) Le ministre, porte-parole du Gouvernement

51) En France, qui est officier de police judiciaire ?

a) Le maire

b) Le directeur départemental des services d'incendie et de secours

c) Le maréchal des logis

52) Depuis la loi du 7 août 2015 portant nouvelle organisation territoriale de la République, quelle est l'autorité compétente en matière de mobilité interurbaine ?

a) Le conseil départemental

b) Le conseil régional

c) La métropole

53) Quelle est la durée d'un mandat de conseiller municipal ?

a) Cinq ans

b) Six ans

c) Sept ans

54) Parmi les entités suivantes, laquelle n'est pas une collectivité territoriale ?

a) Les communes

b) Les départements

c) La Sous-préfecture

55) Dans l'ordre de la Légion d'honneur, parmi ces grades, lequel est le plus élevé ?

a) Vermeil

b) Officier

c) Commandeur

56) Le principe de l'organisation décentralisée de la République est posé par :

a) la loi

b) la Constitution

c) un principe général du droit

57) Le contrôleur général des lieux de privation de liberté est :

a) une autorité administrative indépendante

b) rattaché au ministère de la Justice

c) un fonctionnaire du ministère de l'Intérieur

58) Quelle est la plus haute juridiction de l'ordre judiciaire

a) La Cour de cassation

b) La cour d'appel

c) La cour d'assises

59) Une agence régionale de santé est :

a) un service déconcentré du ministère de la Santé

b) un service a compétence nationale

c) un établissement public à caractère administratif placé sous tutelle du ministère de la Santé

60) Qui est le garant de l'indépendance de l'autorité judiciaire en France ?

a) Le ministre de la Justice

b) Le Premier ministre

c) Le Président de la République

* Finances publiques

61) Vous êtes adjoint gestionnaire en EPLE, votre chef d'établissement s'est absenté pour une réunion importante au rectorat et vous devez passer une commande urgente auprès d'un fournisseur. Le bon de commande valant engagement financier de l'établissement peut être signé :

a) de droit, par le chef d'établissement adjoint

b) par vous, sur la base d'une délégation de signature formalisée

c) de droit, par l'agent comptable de l'établissement

62) Parmi le champ d'intervention des chambres régionales des comptes, laquelle est une fausse proposition ?

a) L'intervention en cas de retard dans le vote du budget primitif

b) L'intervention lorsque le budget n'a pas été voté en équilibre réel

c) L'intervention lorsque le budget est en excédent

63) Quelle autorité au sein de la Cour des comptes intervient pour adresser un référé aux administrations étatiques ?

a) Le Premier président

b) Le président de chambre

c) Le procureur général

64) La charge de la dette de l'État est :

a) un crédit global

b) un crédit évaluatif

c) un crédit limitatif

65) Les journées du mois de janvier de l'année N+1 où le budget de l'année N. est utilisé sont dites :

a) Supplémentaires

b) Complémentaires

c) Additionnelles

66) Un régisseur d'avances et de recettes est :

a) un comptable public

b) un ordonnateur principal

c) un ordonnateur secondaire

67) Le principe d'universalité budgétaire implique :

a) l'obligation de présenter toutes les dépenses et toutes les recettes dans un seul et même document

b) la présentation de l'objet des dépenses budgétaires par structure bénéficiaire

c) la non-affectation des recettes de l'État à une dépense spécifique

68) Les dépenses relatives aux minimas sociaux sont partagées entre plusieurs acteurs :

a) les départements et l'État

b) les organismes sociaux et les communes

c) les régions et les organismes sociaux

69) En cas d'urgence pour augmenter les crédits ouverts en loi de finances initiale, le Gouvernement peut prendre :

a) un décret pour aléas de gestion

b) un décret d'avance

c) un décret de dépenses accidentelles

70) La règle du service fait interdit :

a) de rémunérer les agents du service public sans vérifier l'exécution effective des tâches qui leur sont dévolues

b) de procéder à un paiement avant réalisation de la prestation commandée

c) de recruter des comptables n'ayant pas participé à la journée défense et citoyenneté

71) La gestion de la dette, de la trésorerie de l'État ainsi que les activités post-marché est assumée par :

a) l'agence France Trésor

b) le Trésor public

c) la direction du budget

72) Les perspectives de dépenses et d'emplois de l'année n+1 sont notifiées aux différents ministères par le biais :

a) d'une lettre plafond signée par le Premier ministre

b) de la publication d'un arrêté ministériel

c) d'une note visée par la direction du budget

73) Quelles sont les politiques publiques les plus coûteuses du budget de l'État ?

a) La défense et les sécurités

b) La justice, le conseil et le contrôle de l'État

c) L'éducation et la recherche

74) Encadré depuis 2006 par la loi organique relative aux lois de finances (LOLF), le budget annuel est également élaboré dans le respect de :

a) la loi de règlement initiale

b) la loi de programmation des finances publiques

c) la loi de programme budgétaire

75) Les rapports annuels de performance (RAP) sont annexés :

a) au collectif budgétaire

b) à la loi de règlement

c) à la loi de finances initiale

76) Quelle est l'autorité interlocutrice du contrôleur budgétaire et comptable ministériel ?

a) Le responsable de budget opérationnel de programme

b) Le responsable d'unité opérationnelle

c) Le contrôleur de gestion

77) La taxe sur la valeur ajoutée est, au sens de la loi organique relative aux lois de finances :

a) un prélèvement obligatoire

b) une recette non fiscale

c) une recette fiscale

78) Vous êtes responsable du service « budget et administration » d'une école de formation du service public. Votre chef d'établissement, ordonnateur secondaire, vous indique que l'achat d'un matériel a été reporté à l'année suivante. Il souhaite que les crédits ainsi libérés soient employés pour le versement de primes annuelles destinées au personnel de l'école :

a) vous lui indiquez que vous allez solliciter cette fongibilité au responsable du budget opérationnel de programme

b) vous lui indiquez que vous allez procéder à une modification de votre programmation budgétaire en ce sens

c) vous lui indiquez que ce n'est pas possible en raison du principe de fongibilité asymétrique

79) Le déficit public correspond :

a) au déficit budgétaire

b) à l'endettement de l'État

c) au déficit des collectivités territoriales, de la Sécurité sociale et de l'État

80) La responsabilité disciplinaire de l'ordonnateur public relève de la Cour de discipline budgétaire et financière, exceptée pour :

a) les ordonnateurs principaux

b) les ordonnateurs secondaires

c) les ordonnateurs exerçant les fonctions de membre du Gouvernement

* Organisation, fonctionnement et politiques des institutions européennes

81) L'organe juridictionnel actuel de l'Union européenne, la Cour de justice de l'Union européenne, a historiquement été constitué :

a) en 1952 avec le Traité instituant la Communauté européenne du charbon et de l'acier

b) en 1992 avec le Traité sur l'Union européenne

c) en 2009 avec le Traité sur le fonctionnement de l'Union européenne

82) La Convention européenne de sauvegarde des droits de l'homme et des libertés fondamentales a été ratifiée par :

a) 46 États dont les 27 membres de l'Union européenne

b) 27 États dont 22 sont membres de l'Union européenne

c) 37 États dont 19 sont membres de l'Union européenne

83) Parmi les principes fondamentaux qui sont à la base de l'Union et qui sont énoncés par le traité d'Amsterdam, on retrouve :

a) la liberté religieuse

b) la liberté de la presse

c) la démocratie

84) La Cour de justice de l'Union européenne statue à titre préjudiciel :

a) lorsque la Commission européenne la saisit parce qu'un État membre a manqué aux obligations qui lui incombent en vertu des traités

b) lorsqu'un juge national la saisit pour lui poser une question relative à l'interprétation ou la validité du droit de l'Union européenne

c) lorsqu'un État membre la saisit pour juger de la légalité d'un acte de la Commission européenne destiné à produire des effets juridiques à l'égard des tiers

85) L'article 7 du Traité sur l'Union européenne donne la possibilité à l'Union européenne de sanctionner un État membre qui ne respecterait pas ses valeurs fondatrices. Lequel des pays suivants a déjà été visé par cette procédure ?

a) Le Royaume-Uni

b) La Pologne

c) Le Danemark

86) Le président de la Commission européenne est élu par :

a) le Parlement européen sur proposition du Conseil de l'Union européenne

b) le Conseil de l'Union européenne sur proposition du Conseil européen

c) le Parlement européen sur proposition du Conseil européen

87) En 2021, la France a été :

a) le premier contributeur au budget de l'Union européenne devant l'Allemagne

b) le deuxième contributeur au budget de l'Union européenne derrière l'Allemagne

c) le troisième contributeur au budget de l'Union européenne derrière l'Allemagne et l'Italie

88) La France a assuré la présidence du Conseil de l'Union européenne pour la première fois en :

a) 1974

b) 1968

c) 1959

89) Les États européens définissent le cadre financier pluriannuel de l'Union européenne au moins :

a) tous les ans

b) tous les 5 ans

c) tous les 7 ans

90) Quelle est la mission de la Banque européenne d'investissement ?

a) Contribuer, en faisant appel aux marchés des capitaux, au financement des déficits publics des États membres de la zone euro

b) Contribuer, en faisant appel aux marchés des capitaux et à ses ressources propres, au développement équilibré du marché intérieur dans l'intérêt de l'Union européenne

c) Se substituer aux États membres de l'Union européenne en matière de soutien aux investissements des PME d'ici 2027

91) Quel est le dernier pays à avoir intégré l'Union européenne en 2013 ? :

a) Le Kosovo

b) L'Islande

c) La Croatie

92) L'accord de commerce et de coopération entre le Royaume-Uni et l'Union européenne, signé le 24 décembre 2020, comprend des dispositions permettant :

a) le libre accès des pêcheurs européens aux eaux britanniques

b) la libre circulation des personnes entre le Royaume-Uni et la France

c) des échanges de biens et services sans droits de douane ni quotas

93) Parmi ces pays, lequel n'est pas candidat pour intégrer l'Union européenne ?

a) L'Islande

b) La Turquie

c) Le Monténégro

94) Dans quel Traité ont été posés les bases et les principes de la politique européenne de l'environnement :

a) le Traité de Rome

b) l'Acte unique européen

c) le Traité de Nice

95) Depuis quand un État a-t-il la possibilité de se retirer de l'Union ?

a) Depuis le traité de Lisbonne

b) Depuis le traité de Maastricht

c) Depuis le traité de Rome

96) Pour accéder à la monnaie unique, les États doivent respecter les critères de convergence définis lors du Traité de Maastricht. Parmi eux :

a) le plafond de 3 % du PIB pour le déficit public annuel

b) le plafond de 3 % du PIB pour la dette publique

c) le plafond de 2 % d'inflation

97) Parmi ces États membres de l'Union européenne, lequel ne fait pas partie de l'espace Schengen ?

a) La Lituanie

b) La Pologne

c) L'Ukraine

98) L'Union européenne dispose d'un statut de membre à part entière dans l'organisation suivante :

a) l'Organisation Mondiale du Commerce

b) l'Organisation Mondiale de la Santé

c) l'Organisation des Nations unies pour l'éducation, la science et la culture

99) Le Conseil des gouverneurs de la Banque centrale européenne a notamment pour missions de :

a) définir la politique monétaire de la zone euro et prendre les décisions nécessaires à l'accomplissement des missions confiées à l'Eurosystème

b) mettre en œuvre la politique monétaire de la zone euro en lien avec les banques centrales nationales des pays de l'Union européenne

c) s'assurer de la coordination des politiques économiques et sociales des États membres de l'Union européenne

100) Chef du service Europe et international au ministère de l'agriculture et de l'alimentation, vous êtes invité(e) à une conférence-débat dans une université sur le thème de la politique agricole commune (PAC) et de sa prochaine réforme. À un étudiant qui vous pose la question, vous répondez que la politique de développement rural représente environ :

a) 23 % du budget de la PAC

b) 77 % du budget de la PAC

c) 52 % du budget de la PAC

* Culture numérique

101) Quelle est la différence entre « https » et « http » ?

a) Aucune

b) Une abréviation plus courte pour une connexion plus rapide

c) La version sécurisée du protocole de communication qui permet la liaison entre un client et un serveur pour le World Wide Web (www)

102) Quel est le rôle de l'administrateur de réseau informatique ? :

a) Il a la responsabilité de gérer le serveur de la structure et de répondre aux demandes de ses utilisateurs

b) Il récolte toutes les données personnelles des utilisateurs

c) Il peut déroger sans restriction aux règles des marchés publics en matière d'informatique

103) À quoi sert le pare-feu ?

a) C'est une barrière pour les sites interdits aux moins de 18 ans

b) C'est une barrière de protection du réseau

c) C'est une barrière de protection contre les spams

104) Le clavier « QWERTY » est conçu pour assurer une disposition optimale des lettres de l'alphabet sur les claviers :

a) anglo-saxons

b) allemands

c) coréens

105) Qu'est-ce qu'un QR CODE ?

a) C'est un code à reconnaissance faciale

b) C'est un type de code-barres nouvelle génération qui permet de stocker des informations et de les rendre lisibles rapidement

c) C'est un code à reconnaissance digitale

106) À quoi sert un Virtual Private Network (ou Réseau Privé Virtuel) ?

a) À augmenter son débit internet

b) A sécuriser les échanges de données entre deux ordinateurs distants

c) À bloquer les logiciels malveillants

107) À quoi sert le Réseau Interministériel de l'État (RIE)

a) A structurer en un seul et unique réseau sécurisé l'ensemble des services de l'État.

b) À réaliser le contrôle interne comptable et financier de l'ensemble des services déconcentrés de l'État

c) À constituer un réseau social dédié aux plateformes RH interministérielles

108) À quoi sert « FRANCE CONNECT » ?

a) À sécuriser et simplifier la connexion à plusieurs sites de l'État en garantissant l'identité de l'utilisateur

b) A identifier des sites sécurisés

c) À décerner un label qualité aux sites d'administration en ligne

109) Qu'est-ce que la stratégie nationale pour un numérique inclusif ?

a) Une stratégie de développement d'équipements informatiques pour les personnes en situation de handicap

b) Une stratégie digitale visant à lutter contre les discriminations

c) Une stratégie mise en place pour former et accompagner les usagers les plus éloignés d'internet

110) Qu'est-ce que l'erreur 504 du protocole de communication internet ?

a) Un échec de connexion du fait d'un délai d'attente expiré lors du traitement de la requête

b) Une clé d'authentification nécessaire afin d'accéder à des ressources

c) Un message signalant une source non certifiée

111) Pourquoi y a-t-il actuellement une pénurie mondiale de puces et de composants informatiques ?

a) A cause la pandémie de COVID-19

b) à cause de l'épuisement des ressources terrestres en silicium

c) À cause de droits de douane trop élevés qui paralysent les marchés

112) À qui est rattachée la direction interministérielle du numérique (DINUM) ?

a) Au secrétaire général du Gouvernement

b) Au ministre de l'Intérieur

c) Au secrétaire d'État chargé de la transition numérique et des communications électroniques

113) L'expression « fracture numérique » désigne :

a) les inégalités dans l'usage et l'accès aux technologies numériques

b) une technologie qui s'est brisée

c) une multitude d'accès au numérique

114) Qu'est-ce que l'ANSSI ?

a) L'Antenne Nationale de la Sécurité des Serveurs et d'Ingénierie

b) L'Agence Nationale de la Sécurité des Systèmes d'information

c) L'Agence des Nouveaux Systèmes de Sécurité Industriels

115) Que permet la mise en œuvre du principe « Dites-le-nous une fois » ?

a) Le partage des données entre administrations habilitées, afin de simplifier les démarches en ligne

b) La restriction de la consultation de données en ligne

c) Le recueil de l'avis des utilisateurs sur les applicatifs ministériels

116) Le plan mis en place en novembre 2021 par le ministère de la transformation et de la fonction publiques en matière de numérique est :

a) le plan d'échange de « bonnes pratiques sur le numérique »

b) le plan de « soutien au numérique »

c) le plan d'action « logiciels libres et communs numériques »

117) Que vise le programme « TECH.GOUV » piloté par la DINUM ?

a) Il vise à développer le télétravail

b) Il vise à numériser les archives du gouvernement

c) Il vise à accélérer la transformation numérique du service public

118) Le site « PIX » est :

a) un service public en ligne d'évaluation, de développement et de certification de ses compétences numériques

b) un site en ligne qui permet de se connecter à des jeux en ligne

c) un service en ligne qui regroupe l'ensemble des offres d'emplois publics

119) Qu'est-ce qu'une arborescence ?

a) Une liste de termes

b) Une représentation visuelle en forme d'arbre, des pages d'un site internet

c) Une liste chronologique

120) Quel est l'autre nom d'un « cookie » ?

a) Témoin de fichier

b) Témoin de serveur

c) Témoin de connexion

Voici les réponses au QCM dans l'ordre :

c,a,c;b ;c ;b ;a ;b,c,a,b,a,b,a,c,a,b;b ;c ;c ;b ;b ;c ;a ;a ;b ;a ;c ;b ;c ;a ;c ;a ;c ;c ;c ;b ;c ;c ;c ;a ;c ;c ;b ;c ;b ;c ;b ;a ;b ;b ;c ;c ;b ;a ;a ;c ;c ;b ;c ;a ;b ;b ;a ;c ;a ;b ;b ;a ;a ;c ;b ;b ;a ;c ;c ;c ;c ;a ;a ;c ;b ;b ;c ;b ;c ;b ;b ;c ;c ;a ;b ;a ;a ;c ;a ;a ;c ;a ;b ;a ;b ;b ;a ;a ;c ;a ;a ;a ;a ;b ;a ;c ;c ;a ;b ;c

CHAPITRE 5 : Grand oral, les clés du succès sans stresser

Il s'agit de l'épreuve reine de la phase d'admission de ce concours, tant par son coefficient 7 pour les trois concours, que par la symbolique qu'elle représente : le candidat est devant l'ensemble du jury, sans aucun filtre, pendant une demie-heure.

C'est ici que vous assurerez, ou non, votre place au sein de l'IRA deux mois après.

Cette épreuve n'a rien d'insurmontable, loin de là.

Elle se prépare méticuleusement, tant sur le fond que sur la forme.

Voici les clés qui me paraissent indispensables au succès de cette épreuve.

Elle est définie par l'arrêté du 28 mars 2019 fixant les règles d'organisation générale, la nature, la durée, le programme des épreuves et la discipline des concours d'entrée aux IRA.

« L'épreuve d'admission consiste en un entretien avec le jury visant à évaluer les aptitudes du candidat et sa motivation à exercer les fonctions auxquelles prépare la formation délivrée par les instituts régionaux d'administration et, le cas échéant, à reconnaître les acquis de son expérience professionnelle. Il vise également à apprécier les qualités d'expression orale du candidat ainsi que son comportement face à une situation professionnelle concrète et sa capacité à encadrer une équipe. »

L'article 6 de l'arrêté du 28 mars 2019 précise que *« l'épreuve d'admission des concours externes s'appuie sur une fiche individuelle de renseignement.*

Cette fiche n'est pas notée. Les candidats admissibles renseignent la fiche et l'adressent à une date fixée par l'arrêté d'ouverture des concours au service organisateur, qui la transmet aux membres du jury. La fiche individuelle de renseignement est disponible sur le site internet du ministère chargé de la fonction publique. »

L'article 8 mentionne en outre que « *l'épreuve d'admission des concours internes et des troisièmes concours s'appuie sur un dossier de reconnaissance des acquis de l'expérience professionnelle. Ce dossier n'est pas noté.* »

<u>Le grand oral : 30 minutes de passage devant le jury, coefficient 7 (externe, interne et troisième concours).</u>

Préparer sa posture

La bonne posture est une posture adaptée à l'auditoire. C'est une règle générale de bonne communication. Adoptez-là pour cette épreuve afin de vous faciliter les choses.

Le but est de permettre à l'orateur de se faire comprendre en ayant une attitude adéquate.

Il est essentiel de bien comprendre que ce que l'autre comprend au-delà des mots passe par l'intention, l'expression et l'interprétation.

À cet égard, la Loi dite de Mehrabian permet de saisir l'impact colossal du non verbal dans la mémorisation d'un message :

- 93 % des signaux non verbaux dont 55 %, apparence (attitude, gestuelle, comportement, visage, sourire…) et 38 % le ton employé (voix, intonation, débit, silence…).
- 7 % (seulement !) pour les mots.

Savoir cela est fondamental dans la réussite de votre concours.

La conséquence est immédiate : le bon candidat, à défaut d'être brillant sur le fond de ce qu'il énonce ce jour-là, se contentera de faire attention à ce qu'il dit tout en faisant le maximum pour exceller dans le non verbal. Je consacre systématiquement une partie de débriefing spécifique sur ce point à l'occasion de chaque jury blanc que j'organise.

Un candidat peut être excellent sur le fond et ne pas avoir le concours si dans le même temps qu'il parle, il a systématiquement les jambes croisées et agite un stylo entre ses doigts. Imparable.

Par conséquent, maîtriser sa communication non verbale est indispensable pour s'exprimer avec efficacité.

La préparation d'une intervention est la clé du succès.

Il est donc indispensable de bien préparer son exposé, de prendre conscience de son apparence et d'utiliser ensuite toute son énergie au développement du savoir être, du savoir agir sur soi pour réussir à adopter la bonne attitude.

L'objectif est unique : communiquer efficacement, c'est communiquer pour être compris... et avoir le concours.

* La bonne posture dépend de 4 paramètres :

1)   Connaître son auditoire

Le but est de préparer son grand oral par rapport à l'auditoire, à savoir un jury composé de cadres de l'administration.

L'objectif est donc de s'adresser à cet auditoire, en haussant son niveau de langage et d'expression pour être compris.

2)   Avoir le comportement adapté à son discours

C'est un point essentiel.

Je ne saurai que trop vous recommander de vous exposer dans le cadre de cette route vers l'obtention du concours vers un auditoire « jury blanc » afin d'obtenir au moins un retour extérieur sur votre comportement dans ces circonstances académiques particulières.

Le but est de préparer votre partition. Comment interpréter mon discours ? Je vous donne quelques clés dans la suite de ce chapitre aux différents moments de l'épreuve.

3) Avoir les bons réflexes

Il est recommandé d'exercer une écoute active lorsque vous n'avez pas la parole.

La question à se poser est alors comment garder la posture et le ton adéquats ?

Vous ne pouvez pas tout perdre en vous avachissant sur votre chaise ou en exerçant un mouvement de recul sur le dossier de cette dernière pendant que vous écoutez le jury, l'effet sera inconsciemment mauvais à votre égard.

4) Diminuer les tensions

Le but est de mettre tout en œuvre pour arriver dans une attitude sereine devant le jury. Il va s'agir de préparer son exposé, savoir respirer (un candidat qui ne maîtrise pas sa respiration sera vite en manque d'oxygène, ce qui provoque des instants de « malaise » avec le jury : « reprenez votre souffle quelques instants ! » ne tardera alors pas à déclarer l'un des membres du jury), utiliser son trac pour bien démarrer puisque les premiers instants sont décisifs.

La posture au cours de l'épreuve

Le concours a pour effet de fournir un grand oral où il n'y a pas de sujet à traiter devant le jury, que vous soyez candidat externe ou interne. Par conséquent, il n'y a pas de temps de préparation accordée à cette épreuve « *d'une durée de 30 minutes, dont 5 minutes au plus de présentation par le candidat.* »

Vous êtes conduit devant la porte du jury par l'assesseur. Il attend avec vous le cas échéant. Vous voyez le candidat précédent quitter la salle. Voilà votre tour de faire votre entrée en salle pour le début de l'entretien.

Profitez de ces quelques minutes d'attente devant la porte pour faire des inspirations et expirations longues par le ventre. Une astuce consiste également à contracter volontairement les muscles du haut de votre corps pendant quelques secondes (en serrant les poings par exemple) puis à les relâcher subitement, cet état de relâchement dure ainsi quelques instants. Technique bien connue d'un sport comme le golf.

La posture est ici presque militaire, sans tomber dans la caricature. Vous faites un bon pas après la porte, vous vous arrêtez et dites distinctement « *Madame ou Monsieur la/le Président du jury, Mesdames et Messieurs les membres du jury, bonjour.* » Le Président du jury vous répond au nom du jury. « *Bonjour* ».

Vous avez ici une première opportunité pour faire bonne impression. Le président du jury peut ajouter ou non « *asseyez-vous* ». Peu importe. Une fois qu'il a répondu à votre bonjour d'entrée, vous parcourez le peu de distance qu'il vous reste pour vous mettre à niveau de votre table d'entretien. Vous vous mettez alors sur le côté de la chaise, les mains le long du corps et vous dites distinctement « *À disposition du jury* ». Le Président va alors vous intimer une première ou une seconde fois de vous asseoir. Vous tirez alors votre chaise et vous asseyez.

Les jambes sont neutralisées par un posé des deux pieds au sol, il convient de ne pas les croiser. Vous mettez les mains sur la table, jamais en dessous ou croisées. Vous vous assurez de ne rien avoir dans les mains, il est impensable de venir à un tel entretien avec un stylo sur la table, écartez cette possibilité. Il n'est pas non plus envisageable d'avoir un portable ou une montre connectée sur la table, prenez une simple montre pour gérer votre temps. C'est à vous pour 5 minutes.

Votre posture est proactive pendant l'exposé de cinq minutes, c'est vous qui avez la parole, le jury est à votre écoute.

Une astuce pour maîtriser vos mains en ce jour si particulier où une future carrière se joue pour vous : mettez une main à plat sur la table, qui ne bouge pas, pendant tout l'exposé, et, au contraire, une seconde main, libre, qui décrit des mouvements légers au fur et à mesure de votre exposé.

Vous voilà ainsi naturellement équilibré, même si vous êtes tendu, une main posée sur la table et une autre qui rythme votre exposé.

Si tout se passe bien pendant la phase des mises en situation et jusqu'à la fin de l'entretien, je vous recommande vivement d'avancer légèrement votre buste au-dessus de la table. Cela signifie que vous vous engagez, que vous ne craignez pas le jury et que vous êtes ouvert à la discussion, voire à la controverse.

Lorsqu'il s'agit de questions de motivation personnelle et diverse, vous pouvez utilement marquer des blancs dans vos réponses lorsqu'il s'agit de vous, de questions personnelles comme « Pourquoi les IRA ? » ainsi qu'une utilisation de phrases plus courtes donc plus percutantes.

Voici en résumé les différents outils que vous pouvez vous approprier pour le grand jour. Surtout, ils sont faciles à mettre en œuvre.

Soigner l'apparence

	À utiliser	**À proscrire**
Gestuelle et positionnement	<ul><li>Ancrage et espacement des pieds</li><li>Droiture de la colonne</li><li>Souplesse</li><li>Déverrouillage des genoux et du bassin en position debout</li><li>Dos décollé du dossier en position assise</li><li>Respiration</li><li>Concentration</li></ul>	<ul><li>Mains jointes derrière le dos ou dans les poches</li><li>Bras croisés</li><li>Coudes serrés sur le torse</li><li>Piétinement</li><li>Bascule du bassin sur les côtés</li><li>Crispation de sourcils</li><li>Absence de gestes</li><li>Auto-contact (se toucher l'œil, un stylo, le nez, se recoiffer…)</li><li>Transpiration</li><li>Mains tremblantes</li></ul>
Regard	<ul><li>Considérer l'auditoire</li><li>Regarder en face</li><li>Se concentrer en silence</li></ul>Regarder son auditoire, permets d'accroître sa crédibilité, c'est la marque d'un engagement personnel.	<ul><li>Lire son exposé</li><li>Regarder le sol, le plafond ou les côtés</li><li>Perdre son regard dans le vague</li><li>Ne pas regarder son interlocuteur</li><li>Avoir un regard fuyant</li></ul>

Sourire	• Positiver le message • Attirer l'attention et la sympathie • Dynamiser l'intervention • Susciter la confiance	• Visage terne et inexpressif • Crispation des lèvres

Poser le ton

	À utiliser	**À proscrire**
Silence	• Démarrage : silence initial • Ponctuer le discours par des silences et pauses • Capter l'attention et interpeller • Accentuer l'importance de certains passages de son intervention • Prendre le temps de maîtriser son stress, de se concentrer • Reprendre la maîtrise de l'entretien • Se poser pour optimiser sa posture et son charisme.	• Parler sans interruption • Remplacer les silences par des interjections comme « OK, Euh, Hum, Eh bien… » • Remplacer les silences par des soupirs
	• Donner vie à son discours	• Ton monocorde • Fin de phrases

Voix	<ul><li>Porter sa voix</li><li>Adapter le volume</li><li>Moduler</li><li>Savoir respirer</li><li>Utiliser la voix de circonstance.</li></ul>	qui chutent<ul><li>Ronronnement musical</li><li>Perte de sa voix</li><li>Perte de son souffle</li><li>Perte de salive</li></ul>
Débit	<ul><li>Varier le débit suivant les passages de l'exposé</li><li>Utiliser le bon rythme</li><li>Perfectionner sa diction</li><li>Donner du relief à son intervention avec des variations de ton, de modulations</li></ul>	<ul><li>Débit rapide</li><li>Phrasé monotone</li><li>Mauvaise diction</li></ul>

Maîtriser les mots

	<u>À utiliser</u>	<u>À proscrire</u>
Choix des mots	<ul><li>Phrases courtes</li><li>Simplicité des mots</li><li>Partir de l'objectif et s'y tenir</li><li>Bien cibler son discours</li><li>Préparer des phrases chocs.</li></ul>	<ul><li>Phrases longues</li><li>Mots complexes</li><li>Mots parasite « quand même » « effectivement »</li><li>Mots dévalorisants « pas vraiment, petit, pas tout à fait... »</li><li>Mots d'excuse « gêne d'être là,</li></ul>

			manque de préparation, excuse de prendre la parole ».
Répétitions des mots-clés		• Définir avec précision les idées fortes • Répéter les mots-clés au minimum 4 fois permet de renforcer le message et de s'assurer de sa compréhension	• Utiliser trop d'idées à la fois, se perdre et perdre l'attention de l'auditoire.
Questions		• Commencer son discours par une question permet d'interpeller son auditoire • Utiliser les questions favorisant les changements de paragraphes ou d'idées comme tremplin de transition.	• Questions à double sens paralysantes • Questions réclamant une réponse
Utilisation du « Nous » et du « Je »		• Utiliser le « nous » et le « je » selon les circonstances • nous : sentiment d'appartenance, partage des valeurs, fédérateur • je : sécurité et	• Le « je » empêche parfois de fédérer.

		implication	
Mémoire visuelle		• Analogie • Anecdotes • Dessin image ou graphisme	• Devenir la cible visuelle • Se noyer dans les descriptions

Gérer l'exposé : les 5 premières minutes sont à vous

Au-delà des questions de forme, il y a une présentation à effectuer et surtout cinq minutes à prendre la parole, sans jamais être interrompu, devant le jury, qui aura à évaluer votre capacité, ou non, à embrasser la formation initiale de l'IRA puis une carrière de cadre de l'administration d'État.

À ce stade de votre analyse stratégique du concours des IRA, c'est une véritable aubaine.

Vous êtes parvenu à l'épreuve décisive, coefficient 07, la durée totale et impérative est de 30 minutes, vous avez les 5 premières minutes où vous dites absolument ce que vous voulez au jury. Il ne restera donc à l'issue que 25 minutes.

A contrario, si vous ne prenez pas les 5 minutes allouées et vous interrompez avant, il en restera plus de 25 avec un a priori très défavorable à l'esprit du jury.

Autrement dit, cela n'est pas concevable à ce niveau.

Pour les candidats les plus pointilleux, je porte à votre connaissance que le jury n'a aucune marge de manœuvre sur le temps de l'épreuve dans un souci d'égalité entre les candidats. Une sonnerie retentira au bout des 5 premières minutes si vous n'êtes pas parvenu au terme de votre exposé. Vous aurez alors l'opportunité de simplement finir votre phrase. N'essayez pas de jouer avec le jury là dessus, ce sera peine perdue. En outre, à la fin des 30 minutes, une sonnerie retentit, c'est fini quoi qu'il arrive, vous aurez là aussi, avec l'accord du jury, l'unique possibilité de terminer votre phrase.

Je porte à votre connaissance que l'arrêté du 28 mars 2019 précise que « *l'entretien débute par une présentation par le candidat de son parcours et de sa motivation et se poursuit par un échange qui comprend notamment une ou plusieurs mises en situation professionnelle. Au cours de cet échange, le candidat peut également être interrogé sur les enjeux des politiques publiques relevant de l'État ainsi que sur l'environnement administratif dans lequel elles sont mises en œuvre.* »

Cet exposé de présentation revient à répondre à une double question « **pourquoi voulez-vous intégrer les IRA et que voulez-vous faire à l'issue de votre formation initiale ?** ».

Je propose une méthode simple et facilement applicable pour répondre à cette question.

Le but est de commencer par prendre votre CV à jour et réunir trois éléments principaux qui permettent de répondre concrètement à cette question.

Il n'est pas concevable de répondre des généralités qui pourraient s'appliquer au candidat précédent ou au suivant. Il importe que vous personnalisiez et valorisiez votre parcours à ce moment de l'entretien.

Si vous ne vous valorisez pas à ce moment de l'entretien, d'autres candidats le feront et vous n'aurez pas la possibilité de le faire à un autre moment. Il s'agit donc d'être totalement préparé sur cette séquence et de la dérouler dès la première minute de l'entretien.

Cinq minutes, c'est court, ne pensez pas le contraire.

Il s'agit d'un concours de catégorie A de la fonction publique. Par conséquent, il est attendu que vous vous présentiez avant de rentrer dans le vif du sujet.

Je vous propose une préparation et un déroulé de cette séquence entretien en **04 temps**, répondant chacun à un attendu, implicite ou explicite, du jury. Il s'agit aussi de distiller sciemment des éléments de différenciation sur lesquels vous pariez que le jury reviendra dessus dans un second temps en vous questionnant.

1) Qui êtes-vous ?

Le but est de commencer par présenter votre état civil : nom, prénom, âge, marié, célibataire, enfants. Je vous recommande également d'indiquer votre lieu de naissance, cela peut constituer une première « balise » utile à disposition du jury sur laquelle vous souhaitez que l'on revienne vous interroger dessus dans la seconde partie.

Par exemple, cela peut être une question sur un monument architectural caractéristique de cette ville ou une personnalité célèbre.
Cela est tout à votre avantage. Vous ne perdez rien si aucun membre du jury ne vous interroge sur ce détail sciemment glissé, vous avez tout à gagner si vous passez deux minutes cordiales de ce grand oral sur une question « géographique/culturelle » à votre avantage.

Pour un candidat externe qui exerce une activité professionnelle et un candidat interne, je vous suggère d'indiquer votre poste actuel. Cela achève cette première partie de votre exposé.

2) Quel est votre cursus académique ?

L'objectif est d'énoncer au jury votre parcours universitaire, étape impérative sur le chemin d'un candidat au concours des IRA.

Je vous recommande de débuter à la Licence, en détaillant la spécialité du Master puis Master 2, le cas échéant. Vous mentionnerez subtilement la classe préparatoire éventuellement accomplie pour préparer le concours : IEP, prépa'INSP...

Vous venez de montrer au jury avec l'énoncé sérieux, déterminé et organisé de ces deux premières parties que vous maîtrisez les règles élémentaires de courtoisie indispensables à l'exercice de vos futures fonctions. C'est aussi et surtout l'occasion de vous installer dans ce grand oral : vous maîtrisez inévitablement le fond du sujet, vous en profitez pour poser le ton de votre voix, prendre le rythme d'une bonne respiration et surtout une bonne dose de confiance. Vous êtes en place.

3) Vos éventuelles formations annexes (développer ses compétences)

Il s'agit ici de faire part au jury de compétences formalisées par l'obtention d'un brevet. Il peut s'agir de secourisme, de secours en montagne, de tirs, de parachutisme...

C'est également le moment de faire part de tout engagement associatif passé ou présent. Vous annoncez distinctement l'association ainsi que son but.

Vous décrivez ensuite vos fonctions, toute prise de responsabilité associative est à valoriser.

Enfin, vous détaillez sommairement les points positifs que vous en retirez. Par exemple, vous dites que cela vous apprend la gestion collective, la prise de responsabilités, des facultés d'organisation, de gestion, le leadership, etc.

Vous donnez à nouveau des éléments au jury de venir vous interroger sur des éléments de différenciation par rapport à un autre candidat, ceci en votre faveur, puisque vous souhaitez par-dessus tout que votre candidature apparaisse comme atypique au sens positif.

Une question revient souvent parmi les candidats à l'IRA quant à l'énoncé ou non de l'engagement politique. S'il y a un concours où son évocation peut être valorisée, c'est l'IRA, assurément. Je vous suggère toutefois de le faire qu'au cas ou votre engagement est significatif et durable. Si vous êtes adhérent ou militant sans mandat, il ne paraît pas judicieux de s'exposer inutilement à ce stade de votre concours. Si vous êtes élu municipal ou ancien candidat aux législatives ou au conseil régional, par exemple, vous avez tout intérêt à l'évoquer.

Il est nécessaire de vous dire sincèrement que vous devinez la probable question du jury à l'évocation d'un tel engagement : quelle est votre formation politique ? Vous tombez alors dans le propre des relations humaines, et de la part active de l'inconscient propre au cerveau humain. Que vous soyez militant d'un parti « opposé » à un ou plusieurs des membres du jury, l'esprit d'impartialité et de recul ne suffira peut être pas, ne serait-ce qu'inconsciemment, à positionner votre note à sa juste valeur. Mesurez le pour et le contre.

4) Pourquoi voulez-vous intégrer un IRA et que voulez-vous faire à l'issue de la formation initiale ?

Vous êtes alors parvenu au cœur du sujet. Vous êtes en confiance, il est temps de dévoiler au jury pourquoi vous êtes là. Je vous recommande de veiller à avoir encore 50 % du temps imparti à votre disposition, soit environ 2 minutes.

Les trois familles d'arguments classiques peuvent être « *la volonté d'exercer un management participatif* », « *mon appétence pour le service public et l'intérêt général qui s'est concrétisée par des stages* », « *mon/mes engagements associatifs où j'ai démontré que j'aimais prendre des responsabilités* », ou sa variante « *ma pratique sportive de tel sport qui m'a appris la maîtrise de moi-même, le sang-froid et l'effort physique.* »

Le but est de mettre cela en valeur en termes d'expression orale. Vous prenez un air grave, ça y est, là on va parler de moi, de ce que je suis, c'est le moment clé de cet entretien. Voilà ce que doit ressentir votre jury.

Vous dites : « *je souhaite être cadre de l'administration pour trois raisons majeures.* » Le point est l'élément essentiel de cette phrase. Il est aussi regrettable que désastreux de voir les candidats se lancer dans une diatribe infinie, sans respirer et où le jury serait bien incapable de retenir quoi que ce soit au final.

– Vous joignez alors la gestuelle à la parole en montrant trois avec trois doigts de l'une de vos mains. Cette main ne cessera plus d'indiquer où vous en êtes dans vos arguments jusqu'à la fin de cette question. Regardez la plupart des invités d'un 20 heures lorsqu'ils s'expriment ainsi.

– Vous montrez alors au jury un doigt, commencez évidemment par le pouce. Vous dites « **Première raison : je souhaite effectuer du management participatif.** » Vous montrez subtilement votre capacité à faire la différence avec le commandement, propre aux métiers militaires et au simple management, propre au secteur privé. (cf. chapitre 1 pour les explications sur ce point).

– Vous tendez un second doigt tout en énonçant « ***Seconde raison : mon appétence pour le service public, l'intérêt général*** ». Vous évoquez alors sans rentrer dans les détails les stages que vous avez effectués.

– Vous tendez alors un troisième doigt tout en invoquant au jury « ***Troisième raison, mon engagement associatif/sportif…*** ».

Le fait de ne pas développer jusqu'au bout de chaque argument est volontaire.

Vous tendez la main au jury afin qu'il vous pose une ou plusieurs questions sur votre parcours, ce que vous souhaitez évidemment par-dessus tout.

Vous donnez l'envie au jury d'en savoir plus lors de votre énoncé. Le temps consacré à cette partie est en votre faveur : vous parlez de vous, vous l'avez préparé, vous avez des arguments et ce sont toutes autant de questions en moins qui pourraient être moins profitables pour vous.

BONUS EXCLUSIF : Je vous invite à m'écrire un mail à l'adresse courriel preparationira@yahoo.com avec votre CV. Je vous enverrai votre analyse personnalisée des trois points essentiels que vous pouvez judicieusement mettre en valeur à l'occasion de votre grand oral ou dès le stade de la fiche de renseignements personnels que le jury aura sous les yeux à l'occasion de votre passage.

Il est ici indispensable de raisonner en stratège.

Vous serez probablement et logiquement sous pression dans ces premiers instants de prise de parole. Assurez le coup : cela doit être le moment de votre exposé où l'intégralité de l'introduction est quasiment connue, appris par cœur.

Cela vous permettra de poser votre voix et d'adapter votre respiration.

Au bout d'une minute, vous serez en phase d'exposé, plus spontané et naturel.

En outre, il s'agit de faire preuve d'empathie vis-à-vis du jury. Ce dernier voit défiler de nombreux candidats durant toute la journée.

Ce sont autant d'exposés différents qui s'enchaînent... et donc autant de moments où l'esprit du jury peut facilement et humainement divaguer sur les tracas du quotidien : dossiers en cours au bureau, soucis personnels, etc.

L'entretien avec le jury : 25 minutes de dialogue en plusieurs séquences

*1 ÈRE SÉQUENCE : QUESTIONS SUR L'EXPOSÉ PENDANT ENVIRON 10 MINUTES

Sitôt achevé votre exposé, le jury va vous questionner dessus. Si votre exposé a fait bonne impression, c'est souvent l'occasion d'approfondir le sujet et de jauger votre personnalité, c'est alors davantage un dialogue qui s'instaure entre vous et le jury. Au contraire, c'est l'opportunité pour le jury de revenir sur d'éventuelles incohérences ou propos mal compris.

Le but est de rester courtois, déterminé et pédagogue en toutes circonstances. C'est vous seul qui serez noté à la fin de l'épreuve. À l'inverse aucun membre du jury ne fera l'objet d'une note à l'issue de l'entretien, c'est une différence notable quant à la posture à avoir durant cette demi-heure d'épreuve.

En cas de question provocatrice, pensez à une célèbre tactique d'un homme politique français « *lorsqu'un journaliste me pose en direct une question générale à laquelle je ne sais trop quoi répondre, je réponds technique et à l'inverse, en cas de question technique, je réponds général* ». Je trouve que cette méthode s'applique à merveille à ces 10 minutes de l'entretien, elle vous empêchera de tomber dans l'effet redoutable du « *question pour un champion* », piège de tout candidat.

Un candidat qui ne développe pas ses réponses en y répondant trop succinctement lors de cette partie de l'entretien s'expose rapidement à l'effet d'enchaînement continu de questions, pouvant lui occasionner une perte de moyen... et donc de l'entretien... voire du concours.

Il est communément admis à ce genre de grand oral que vous pouvez aisément et sans risque dire une fois à votre jury « *je ne connais pas la réponse à cette question* ».

Vous ne pouvez pas le dire deux fois sans être pénalisé, cela reste un concours.

La méthode n'est évidemment pas de répéter inlassablement cette phrase, assassine pour vous-même et votre note finale.

À partir de la seconde occurrence, il convient de temporiser.

Une méthode assez simple que je vous suggère est de répondre, en ne parlant pas trop vite afin d'être sur de ne pas tomber dans l'effet « questions pour un champion » : « *Je ne connais pas la réponse à cette question, par contre, je vous propose de me donner un indice ou de me la poser différemment afin que je puisse vous répondre* ».

Vous gardez ainsi la tête froide et démontrez tout à la fois votre détermination et votre capacité à communiquer avec autrui. À coup sûr, le jury répondra favorablement à votre réponse en reformulant ou en vous proposant un élément de réponse. Cela fait au moins une minute d'entretien de passé... l'horloge tourne.

Attention également à ne pas vous contredire sous l'effet de plusieurs questions du jury. Prenez position en argumentant, et tenez cette position, en nuançant au besoin, jamais en défendant le contraire quelques instants plus tard. L'effet est désastreux sur le jury.

Je vous propose de réaliser à présent deux petits exercices qui vous seront très précieux pour le reste de votre préparation.

1) Il vous suffit de demander à au moins deux personnes de votre entourage 10 minutes de leur temps, pas plus. Vous demandez à l'une des personnes de s'asseoir seul devant vous, sur une chaise avec une table devant, précisément votre position au moment du grand oral. Vous vous installez alors en face avec la ou les autres personnes que vous avez sollicitées. Vous êtes assis sur une chaise avec une table devant vous.

Vous prenez alors l'initiative de questions-réponses sur un sujet que vous avez défini avec la personne en face. Vous avez saisi le but de l'exercice, vous voilà dans la peau d'un jury de grand oral pendant quelques minutes.

La personne en face ne peut absolument pas vous poser de questions, c'est vous qui menez l'entretien.

Cet exercice fut une révélation dans le cadre de ma préparation, il m'a servi jusqu'à l'ultime moment de l'entretien. Vous vous rendez alors compte qu'être jury, c'est aussi un exercice en tant que tel, avec une posture et des attitudes en fonction de son vis-à-vis : le candidat.

Ce que je souhaite que vous compreniez, c'est que le jury ne fait pas forcément état de ses propres opinions, il réagit bien souvent au candidat et à son exposé. Un grand oral peut se dérouler bien différemment selon que vous traitiez votre présentation initiale de telle ou telle façon.

La phase ultime de l'entraînement, c'est lorsque le candidat acquiert la faculté de proposer un exposé dont il sait quasiment à l'avance les questions qui vont lui être posées, en argumentant peu à dessein tel ou tel argument afin d'attirer une question du jury dessus.

Ce n'est pas si difficile, entraînez-vous !

2) Il s'agit de vous filmer à l'aide de votre smartphone en train de réaliser les 5 minutes de présentation devant le jury. Ce sera l'occasion de vérifier que votre élocution est bonne, votre posture est correcte et que votre exposé est structuré, compréhensible par quelqu'un qui ne vous connaît pas. Pour cela, je vous recommande d'ailleurs de montrer cet entraînement à certains de vos proches afin de recueillir leur avis spontané.

Ce sera également le meilleur moyen de vous habituer le plus naturellement possible à calibrer votre présentation en 5 minutes.

* 2 EME SÉQUENCE : MISES EN SITUATION : 10 MINUTES

Il s'agit généralement de la séquence la plus redoutée par les candidats externes.

À l'inverse, c'est celle qui est la plus attendue par les candidats internes ou troisième concours, qui souhaitent faire valoir leurs connaissances pratiques à cette occasion.

Le candidat va faire l'objet de mises en situation. L'objectif est de mettre le candidat en situation quotidienne de cadre de l'administration sur certaines séquences de la vie administrative, volontairement exagérées et peu nuancées. Il est alors attendu du candidat qu'il fasse davantage preuve de bon sens, d'esprit, de logique et d'actions responsables plutôt qu'il ne s'exprime en technicien, ce qu'il ne peut être en tant que candidat à la fonction.

Le but d'un concours est aussi de savoir utiliser à différents moments les connaissances acquises afin d'optimiser son temps et donc son énergie. Pour cette séquence du grand oral, il est judicieux de se réapproprier la méthodologie du plan d'action utilisée pour le cas pratique à l'écrit.

Vous établirez en outre une communication performante en faisant l'effort de vous mettre au niveau de l'univers de la plupart des membres du jury. Vous serez en conséquence plus facilement compris. Vous enclenchez un cercle vertueux et positif en votre faveur.

Les mises en situation du jury sont souvent liées aux spécificités du parcours du candidat indiqué sur la feuille de renseignement individuelle ou le dossier de reconnaissance des acquis de l'expérience professionnelle (chaque membre du jury en détient un exemplaire sous les yeux durant le grand oral). L'objectif n'est pas de vous piéger, mais plutôt de mieux vous évaluer par rapport au poste sollicité.

- Exemple classique : évacuation d'une occupation illicite de terrain au moyen de caravanes et de véhicules

Un membre du jury vous énonce la mise en situation suivante ; sans transition par rapport à la séquence précédente de reprise des questions sur votre exposé.

« Vous êtes chargé de mission au cabinet d'une préfecture. Votre préfet vous indique qu'à l'occasion de la récente visite du ministre de l'Économie sur le département et la ville de X, ce dernier a été choqué par la présence d'un campement illicite de gens du voyage.

Certains des membres de ce camp ont fait des gestes obscènes au convoi ministériel lors de son passage. Vendredi après-midi, 16 h, vous recevez un appel téléphonique du Préfet. Il vous indique qu'une compagnie de CRS sera présente le lendemain matin à 6 h du matin devant le camp de gens du voyage "sauvage" implanté depuis de nombreuses semaines sur la ville principale de votre département. Il vous indique de régler cela séance tenante avec la police nationale. Que faites-vous ? »

Il n'est pas attendu que vous preniez des notes lors de cette séquence, tout comme il ne vous ait pas accordé de temps de réflexion. Il est nécessaire d'être très concentré et de réagir avec bon sens.

Les bons réflexes :

1) **Utilisez l'interrogation pour réfléchir et avancer avec le jury.** Dans le cas d'espèce, vous pouvez judicieusement demander si « *Est-ce qu'un dossier papier existe ? Les conditions juridiques préalables à l'évacuation sont-elles remplies ?* » « *Le directeur de cabinet est-il informé ?* ». Cela montre votre bon sens et vous permet de réfléchir en même temps plus aisément sur la résolution du cas pratique.

Vous sentez alors venir le jury… il s'agit d'un cas pratique dit « *de l'ordre manifestement illégal* », un classique lors de ce grand oral afin de voir si le candidat à un rapport équilibré à l'autorité.

2) **S'engager rapidement dans une réponse.** La pire attitude est celle de ne rien dire ou ne rien proposer. Vous aspirez à être un futur cadre, à vous d'assumer.

Dans le cas d'espèce, vous n'êtes pas censé savoir qu'il est nécessaire d'avoir une décision de justice ou un arrêté préfectoral, suivant le cas d'espèce et le lieu d'implantation du camp, préalablement à son évacuation par la force publique.

Le jury va être obligé de vous répondre et de faire évoluer le cas pratique en fonction de vos réponses.

Celle-ci évite facilement le piège de foncer tête baissée à une simple injonction… par téléphone d'un Préfet manifestement excédé d'avoir pris une injonction téléphonique de la part d'un membre du cabinet ministériel du ministre.

Souvenez-vous toujours à l'occasion de ce concours de la réalité de la préfectorale : le Préfet peut être démis de son poste tous les mercredis matin en conseil des ministres.

Au contraire, si vous décidez d'y aller, le jury va voir jusqu'où vous êtes capable d'aller, le cas va alors tomber dans le grotesque : il y a des blessés parmi les effectifs de police et les gens du voyage, les caméras de télévision filment en direct. Le cabinet du ministre appelle pour demander ce qu'il se passe. Etc.

3) Le jury va rapidement chercher à vous faire changer d'avis en vous posant des questions inverses.

Le membre du jury A vous propose « *de faire évacuer le camp, c'est quand même le préfet, qu'attendez-vous, allez-y, faites-vous respecter auprès de la police !* ». Vous commencez à répondre, « *effectivement, je prépare le dossier pour le lendemain* ». Alors le membre du jury B prend la parole et énonce « *vous êtes bien sûr de ce que vous êtes en train de faire ? Avez-vous une autorisation judiciaire ou administrative formelle et notifiée préalablement aux personnes incriminées en votre possession ?* ». Le risque est alors que vous fassiez la réponse inverse en suivant inlassablement la dernière injonction du jury.

C'est l'attitude à bannir.

Exemple 2 : « *Vous êtes secrétaire général d'un Sous-préfet. Un député vous appelle pour vous faire part que « ça va péter, les entrepreneurs n'en peuvent plus, ils croulent sous les taxes et les dernières annonces budgétaires peuvent être l'étincelle. Il vous glisse que le taux de chômage de sa circonscription a pris +5 % depuis le début de l'année.*

Que faites-vous ? »

L'objectif est de jauger votre réactivité, votre sens des responsabilités et votre esprit de leadership.

La pire attitude est ici la tergiversation et l'absence de décision.

Adoptez un raisonnement simple, quitte à l'exprimer à haute voix au profit du jury.

Il s'agit d'un député. Il incarne donc les territoires et surtout le pouvoir législatif. Il est issu du suffrage universel direct, c'est donc une légitimité certaine, à prendre en compte pour le Sou- préfet que vous représentez. À l'inverse, le Préfet incarne le gouvernement, donc le pouvoir exécutif, nommé par le Président de la République.

Reformulez comme cela, vous avez deviné la bonne attitude à adopter.

1) Vous prenez en considération le député en lui accordant toute votre écoute téléphonique. Vous faites un peu de zèle en disant que vous prenez des notes de la conversation pour le rapporter au Sous-préfet.

2) Vous indiquez au député que vous remontez l'information au Sous-préfet. Vous pouvez indiquer également que la Sous-préfecture suit la situation quotidienne du tissu économique local avec le renseignement territorial.

3) Vous montrez que vous êtes là pour « protéger » votre Sous-préfet, et donc le gouvernement. Vous avez reçu un appel téléphonique. Les députés écrivent très souvent dans ce genre de situation. Ce n'est pas le cas en l'espèce. Vous indiquez donc au jury que vous en parlez de vive voix au point quotidien effectué auprès du Sous-préfet et vous lui demandez instruction sur la démarche à suivre : courrier, demande de note actualisée du renseignement territorial sur la situation économique locale ou statu quo.

Vous montrez ainsi que vous faites preuve de bon sens et de sang froid.

Dans ces mises en situation, il est nécessaire d'être concentré sur les détails qui vous sont énoncés : appel, téléphonique, maire, député…

Il y aura très probablement un membre du jury pour vous pousser à la faute en vous indiquant « *Vous attendez quoi pour faire une réunion à laquelle vous conviez tous les élus autour du Sous-préfet pour expliquer les mesures budgétaires à venir ?* »

Cette hypothèse est sensible, toute réaction de la part d'un Sous-préfet est susceptible de créer un précédent.

Le bon sens est de prendre toutes les informations utiles et de maintenir une écoute active avec les partenaires.

Il est évident que les thèmes relatifs à l'administration déconcentrée sont fréquents.

* 3 EME SÉQUENCE : MOTIVATION ET QUESTIONS DIVERSES

La fin de l'entretien est consacrée à des questions généralistes.

Il est impératif d'être prêt à répondre à des questions comme, « Trois qualités/trois défauts qui vous caractérisent ? » « Pourquoi vous ne passez pas l'INSP ? ».

Ne vous relâchez pas, s'agissant de questions davantage personnelles, il est attendu que vous soyez précis, déterminés et peu hésitants. Il est toujours étonnant de voir des candidats ne pas savoir énoncer 3 qualités/3 défauts les concernant.

L'entretien se poursuit jusqu'à la demie-heure d'entretien, il n'y aura aucune minute supplémentaire, ni en moins. Soyez vigilant à rester concentré et alerte jusqu'au bout. Lors de cette séquence, il est fréquent d'avoir des questions déroutantes et quelque peu décalées comme « *Pensez-vous que le maquillage soit nécessaire pour un homme ?* ».

Question posée à un candidat masculin. Sans transition, la question suivante était *« Le viaduc de Millau est-il une œuvre d'art ? »*. Il est recommandé de rester sérieux, de ne pas répondre trop vite ni trop court sur ce genre de questions. Le but est à nouveau d'éviter la batterie de questions et « l'effet questions pour un champion » nocifs pour le candidat, notamment au niveau physiologique sur la respiration et la concentration. Dit autrement, vous pouvez perdre totalement la main.

Sur ce genre de questions de fin d'entretien qui n'ont pas grand intérêt pour le concours, si ce n'est observer une dernière fois votre capacité de concentration et de répartie, vous pouvez aisément, et seulement à cette occasion, user du « en même temps ».

Reprenons les deux exemples de questions avec cette méthode.

1)   Sur l'intérêt du maquillage masculin. Il est très peu probable que vous en usiez personnellement. Plutôt que prendre un air ahuri ou un rire nerveux du plus mauvais effet, répondez *« je n'en utilise pas personnellement afin de rester le plus naturel possible. Aussi, je comprends que certains hommes puissent avoir besoin de masquer (maquillage = masqué) voire protéger un grain de peau plus fragile ou vieillissant, essentiel dans certaines activités professionnelles ou artistiques ou le paraître importe beaucoup. »* En confiance, vous finissez par *« la crème solaire, par contre, c'est pour tous »* avec un léger sourire.

Vous voyez la différence entre un « oui » ou « non » abrupt de votre part qui appelle immédiatement une autre question et une réponse fine où vous monopolisez une minute sans heurter aucun membre du jury sur un point dont vous savez pertinemment qu'il ne présente aucun intérêt sur le fond pour le concours.

2)   Sur le viaduc de Millau. Même méthode. *« Je pense que le Viaduc de Millau répond de prime abord à une fonction utilitaire au profit du transport routier sur un axe nord-sud très fréquenté en France.*

C'est à mon sens l'objet de sa construction. Il est en même temps possible de remarquer l'effort de créativité exceptionnel de ses concepteurs qui ont réalisé une prouesse visuelle autant que conceptuelle. »

Que voulez-vous que le jury vous rétorque à cela ? « Bien, question suivante ». Une minute de passée en plus, en votre faveur.

* Un conseil sur ce genre de questions à un concours. Vous n'avez peut-être pas d'avis personnel. Vous avez seulement quelques secondes pour articuler oralement une réponse, vous jouez l'obtention d'un concours. À défaut d'avoir un avis, choisissez toujours le point valorisant, positif de la question plutôt que celui négatif ou dévalorisant. Ne prenez aucun risque à ce stade de l'oral et de votre concours.

– *« Le maquillage masculin est une hérésie, je ne comprends absolument pas la métro-sexualisation contemporaine de la gente masculine, je m'y oppose ».*

– *« Le viaduc de Millau n'est pas une œuvre d'art, ce n'est pas un tableau de Delacroix, il n'a pas sa place au Louvre, cela reste un moyen de relier deux points hauts. »*

Je suppose que vous voyez tout de suite la différence et l'impact que cela peut produire sur le jury... composé de 10 personnes environ aux sensibilités très différentes.

L'entretien s'achève à l'annonce du jury. Vous réunissez calmement ce qu'il y a sur la table, vous vous levez et debout, face au jury, énoncez distinctement « madame ou/monsieur le Président du jury, mesdames et messieurs les membres du jury, au revoir ».

Vous vous retournez et quittez la pièce en silence.

Une fois seulement la porte fermée, vous pouvez vous relâcher.

Les critères d'évaluation du candidat

*Il y a quatre critères principaux d'évaluation du candidat qu'il convient de connaître :

1) Avoir des connaissances générales honorables. C'est bannir les connaissances mal maîtrisées, qui risqueraient de mettre le candidat en porte à faux vis-à-vis d'un jury expert sur le domaine. Il y a plusieurs personnes dans le jury : autant de chance de tomber sur un amateur de KANT ou un passionné d'art contemporain... il est donc essentiel d'employer des références connues et maîtrisées. À défaut, s'abstenir.

2) Une grande ouverture d'esprit et une bonne capacité de jugement.

Il s'agit ici de savoir utiliser les paradoxes et apporter un raisonnement pragmatique, de futur décideur.

Par exemple, je vous recommande d'utiliser dès que possible ce genre de sondages très sérieux. Janvier 2022, Sondage CEVIPOF.

La question posée à un panel de personnes représentant la population française dans sa diversité était de connaître leur état d'esprit sur la vie politique française. « lassitude » pour 40 % des sondés, « climat de méfiance » pour 37 %. Ce sont les deux mots qui résument le plus l'état d'esprit de la population actuellement. Cela est très évocateur.

Il est à noter que le baromètre existe depuis 2009, c'est la première fois que les Français sont aussi méfiants (37 % soit plus 14 % par rapport à 2021.), ceci sur 10 500 personnes interrogées selon un panel représentatif. « L'enthousiasme » est cité par seulement 07 % des sondés, en outre, « le sentiment que le niveau de vie s'est dégradé est à 45 % » contre 09 % des sondés qui constatent une amélioration de ce dernier.

Dans un sondage IFOP de décembre 2021, une majorité de citoyens estime que ces derniers doivent prendre une part plus importante dans le processus démocratique (84 %). Ils sont 54 % à estimer que la démocratie ne fonctionne pas bien aujourd'hui en France.

À nouveau, le but est de trouver des paradoxes pour les exposer, en analyser les risques et surtout y proposer des solutions concrètes.

Pour continuer sur l'exemple du sentiment de la population par rapport à la vie publique, vous pouvez remarquer en paradoxe qu'il apparaît néanmoins un regain contemporain massif pour l'engagement associatif, plus sélectif et individualiste : l'individu-citoyen choisit de s'investir dans un espace social qui correspond davantage à ses aspirations personnelles et la défense de causes spécifiques. Ceci à la différence des syndicats et partis politiques, à vocation collective, qui n'ont jamais eu aussi peu d'adhérents qu'actuellement, en dépit parfois de la gratuité même de l'adhésion.

Ce sont des statistiques à utiliser sans retenue le jour du concours, elles permettent d'interpeller le jury, d'illustrer votre argumentation et de susciter un rebond utile par une question autre d'un membre du jury, ce que vous recherchez avant tout sur un tel sujet.

3) L'expression orale.

Le but est d'employer un vocabulaire divers et varié, savoir manier la nuance et l'argumentation. Une bonne expression orale commence par repérer ses éventuels tics de langage et les bannir.

Pour cela, il suffit de vous filmer en train de faire un exposé de 5 minutes et de vous regarder : y a-t-il des « euh » « alors » « ainsi » toutes les phrases ? La connaissance des synonymes importe également.

Au lieu de dire trois fois « je pense que » en une minute, le bon candidat enchaînera un « je pense que... » puis « il me paraît judicieux que.. » puis « il est à mon sens opportun que ».

Cette richesse du vocabulaire pour exprimer une même chose est essentielle et démontre la qualité d'une expression orale.

Vous trouverez de nombreuses méthodes pour lesquelles vous exercez et vous améliorez dans les tableaux proposés au début de ce chapitre sur la maîtrise de l'aspect formel tout au long de cette épreuve.

4) L'aptitude à prendre des responsabilités.

Le passage devant le jury est le seul moment où le candidat est directement et physiquement confronté au jury. C'est le moment où sa personnalité est évaluée. Le candidat admis sera cadre de l'administration dans les quelques mois suivant ce grand oral. Il doit donc démontrer au jury qu'il détient les capacités d'être un futur partenaire (les membres du jury sont des partenaires fréquents du cadre de l'administration d'État en fonction). En clair, hiérarchiser vos idées, assumer des positions (républicaines et en accord avec les lois en vigueur).

*Au final, voici ce qu'indique le jury du concours dans son rapport public 2023 sur « l'évaluation » de l'épreuve d'admission *:*

– Privilégier la sincérité et l'authenticité.

– Apporter un soin particulier à la rédaction de la fiche individuelle et des acquis de l'expérience professionnelle.

– Tout écrit peut susciter des questions. Se préparer à répondre sur toutes ses affirmations (compétences développées, expériences, etc.).

– Personnaliser le propos.

– Faire des choix pertinents et ne pas tendre à l'exhaustivité.

– Mettre en exergue de manière simple et explicite les éléments constitutifs de la motivation et de la projection dans un parcours de cadre A.

Enfin, l'article 11 de l'arrêté du 28 mars 2019 apporte un détail qui mérite l'attention du candidat quant à l'importance de l'épreuve du grand oral dans l'admission au concours. « *Lorsque plusieurs candidats à un même concours ont obtenu, lors de l'établissement de la liste d'admission, le même nombre de points, ils sont départagés de la façon suivante : priorité est donnée à celui ayant obtenu la note la plus élevée à l'épreuve d'admission.* »

Thèmes d'actualité

Afin de gagner du temps et pour étayer votre argumentaire tout au long de cette année de concours, voici une liste non exhaustive de thèmes d'actualités à savoir argumenter.

* L'Europe, géographie, géopolitique et conflits.

* Le nouveau rôle des BRICS dans la géopolitique mondiale, avec le récent accord d'introduction de nouveaux pays.

* La notion de travail et l'émergence de l'intelligence artificielle.

* Le transhumanisme, progrès ou ruine de l'homme ?

* La crise de la démocratie moderne (abstention record, défiance élevée vis-à-vis du politique, radicalisation contestations…), sursaut ou le chaos ?

* Réflexion socio-économique sur l'après « pandémie Covid-19 » : l'interdépendance économique est-elle une faille ou un atout ? Le protectionnisme économique est-il une solution d'avenir ?

* Comment réformer l'École ?

* La transition écologique et les nouvelles énergies.

* Le système social français.

* La place des femmes dans la société.

* L'omniprésence des réseaux sociaux et le concept de vie privée.

* La judiciarisation de la société.

Bibliographie

Dans le même état d'esprit, voici quelques lectures qui peuvent tout à la fois nourrir votre réflexion et vous détendre utilement durant ces longs mois de préparation intensifs.

* « Le décideur », Bertrand Saint-Sernin

* « Le prince », Machiavel

* « L'islam contre l'islam », Antoine Sfeir

* « La défaite de la pensée », Alain Finkielkraut

* « L'identité malheureuse », Alain Finkielkraut

* « L'étrange défaite », Marc Bloch

* « Condition de l'homme moderne », Hannah Arendt

* « Du mensonge à la violence : essais de politique contemporaine », Hannah Arendt

* « Les origines du totalitarisme, suivi de Eichmann à Jérusalem », Hannah Arendt

* « Félix, le manager », Max de Roquefeuil

* « Psychologie des foules », Gustave Le Bon

* « La route de la servitude », Friedrich A.Hayek

* « Capitalisme et liberté », Milton Friedman

* « De la guerre », Carl von Clausewitz

***

Vous avez désormais compris qu'un tel concours ne s'obtient pas en raisonnant comme lors du passage des épreuves de semestre d'université ou grandes écoles.

Vous avez la statistique du dernier admis, elle correspond à une mention assez bien à un passage de semestre dont chacun connaît la difficulté à obtenir une telle moyenne.

Vous connaissez désormais le niveau à atteindre.

J'espère que ce livre vous sera d'une précieuse utilité dans ce parcours aussi exigeant que passionnant.

Seuls les regrets sont éternels, l'engagement dans ce concours mérite d'être total pour espérer voir un jour son nom inscrit sur la liste des admis.

CONCLUSION

Vous êtes candidat à l'un des concours les plus difficiles et surtout le plus sélectif de la fonction publique française. Cela fait des dizaines d'années qu'il en est ainsi.

Votre ambition est saine, noble et légitime. Elle vous honore. Il convient désormais à être prêt moralement à en payer le prix en temps ainsi qu'en énergie dans les prochains mois.

Je connais la première question que l'on se pose arrivé à ce stade : qu'adviendra-t-il si je passe un an de ma vie à le préparer et que je ne l'obtiens pas ?

C'est une éventualité à accepter. Je crois pouvoir dire qu'elle me paraît plus acceptable à long terme que celle de ne pas l'avoir tenté.

L'expérience de l'accompagnement d'étudiants sérieux aux concours me permet également de vous dire que l'on retrouve rapidement des chaussures à son pied en cas d'échec lorsque l'on s'est plongé totalement dans une telle préparation : autre concours ou contrat dans le privé. Les connaissances sont acquises tout comme les bons réflexes.

J'espère que ce livre contribuera à affirmer votre détermination à vous engager dans cette voie et qu'il vous aidera à atteindre le succès au concours de vos rêves.

Cher lecteur,

J'espère que vous avez apprécié cette publication unique. Si c'est le cas, j'aimerais vous demander un petit service.

Si vous avez un moment, pourriez-vous laisser un avis sur mon livre sur le site internet d'achat svp ?

Les avis des lecteurs sont très importants pour les auteurs, car ils permettent de partager l'expérience de lecture avec d'autres personnes et de les aider à décider si mon livre est quelque chose qui les intéresse.

S'il vous plaît, sachez que je lirai tous les avis et j'apprécie vraiment tous les retours que vous pourriez me donner, que ce soit positif ou négatif, cela me permettra de m'améliorer en tant qu'auteur.

Votre avis peut être aussi court ou aussi détaillé que vous le souhaitez, et je serai reconnaissant pour tout commentaire que vous pourriez laisser.

Merci d'avance pour votre temps et votre soutien.

Cordialement,

    LENA HERITAGE